Cidades Para Pessoas

Cidades Para Pessoas
Jan Gehl

Copyright © 2010 Jan Gehl

CIP-Brasil. Catalogação na Publicação
Sindicato Nacional dos Editores de Livros, RJ

G267c

Gehl, Jan, 1936-
Cidades Para Pessoas / Jan Gehl ; tradução Anita Di Marco. 3. ed. São Paulo : Perspectiva, 2015.

Tradução de: Cities for people
Apêndice
Inclui bibliografia e índice
ISBN 978-85-273-0980-6

1. Planejamento urbano – Aspectos sociais. 2. Planejamento urbano – Aspectos ambientais. 3. Espaços públicos. 4. Espaços abertos. 5. Vida urbana. 6. Arquitetura e sociedade. I. Título.

13-01750

CDD: 307.1216
CDU: 316.334.56:711.4

J. Guinsburg, supervisão editorial
Anita Di Marco, com a colaboração de Anita Natividade, tradução
Luiz Henrique Soares, edição de texto
Adriano Carvalho Araujo e Sousa, revisão de texto
Sergio Kon, adaptação gráfica
Luiz Henrique Soares, Elen Durando, Mariana Silva Munhoz, produção (texto)
Ricardo W. Neves e Sergio Kon, produção.

Capa: orla marítima, Casablanca, Marrocos, foto, Lars Gemzøe, 2009

Este projeto tornou-se possível graças ao suporte
financeiro da Realdania Foundation, Copenhague.

3ª ed. – 3ª reimpr.

Direitos reservados em língua portuguesa à
EDITORA PERSPECTIVA LTDA.
Av. Brigadeiro Luís Antônio, 3025
01401-000 São Paulo SP Brasil
Telefax: (11) 3885-8388
www.editoraperspectiva.com.br
2019

Acima de tudo, nunca perca a vontade de caminhar. Todos os dias, eu caminho até alcançar um estado de bem-estar e me afasto de qualquer doença. Caminho em direção aos meus melhores pensamentos e não conheço pensamento algum que, por mais difícil que pareça, não possa ser afastado ao caminhar.

Søren Aabye Kierkgaard
Filósofo dinamarquês,
1813-1855

Sumário

XI Prólogo e Prefácio

XI   Prólogo, de Richard Rogers
XII   Prólogo à Edição Brasileira, de Jaime Lerner
XIV   Prefácio do Autor

1. A Dimensão Humana

3   1.1 A Dimensão Humana
9   1.2 Primeiro Nós Moldamos as Cidades – Então, Elas Nos Moldam
19   1.3 A Cidade Como Lugar de Encontro

2. Os Sentidos e a Escala

33   2.1 Os Sentidos e a Escala
47   2.2 Os Sentidos e a Comunicação
55   2.3 A Escala Fragmentada

3. A Cidade Viva, Segura, Sustentável e Saudável

63   3.1 A Cidade Viva
91   3.2 A Cidade Segura
105   3.3 A Cidade Sustentável
111   3.4 A Cidade Saudável

117 | 4. A Cidade ao Nível dos Olhos

118   4. 1 A Luta Pela Qualidade se Dá na Pequena Escala
119   4. 2 Boas Cidades Para Caminhar
134   4. 3 Boas Cidades Para Permanecer
148   4. 4 Boas Cidades Para Encontrar Pessoas
158   4. 5 Autoexpressão, Jogos e Exercícios Físicos
162   4. 6 Bons Lugares, Ótima Escala
168   4. 7 Clima Bom ao Nível dos Olhos, Por Favor
176   4. 8 Belas Cidades, Boas Experiências
182   4. 9 Boas Cidades Para Pedalar

193 | 5. Vida, Espaço, Edifícios – Nessa Ordem

195   5. 1 A Síndrome de Brasília
198   5. 2 Vida, Espaço, Edifícios – Nessa Ordem

213 | 6. Cidades em Desenvolvimento

215   6. 1 Cidades em Desenvolvimento
229   6. 2 A Dimensão Humana – Um Ponto de Partida Universal

231 | Caixa de ferramentas

247 | Apêndices

248   Notas
252   Bibliografia
255   Ilustrações e Fotos
256   Índice Remissivo

Prólogo
de Richard Rogers

As cidades são locais onde as pessoas se encontram para trocar ideias, comprar e vender, ou simplesmente relaxar e se divertir. O domínio público de uma cidade – suas ruas, praças e parques – é o palco e o catalisador dessas atividades. Jan Gehl, o decano do projeto do espaço público, tem uma profunda compreensão de como usamos essas áreas e nos oferece as ferramentas para melhorar o desenho dos espaços públicos e, em consequência, a qualidade de vida nas cidades.

A cidade compacta – com empreendimentos agrupados em torno de transporte público, áreas para caminhar e andar de bicicleta – é a única forma de cidade ambientalmente sustentável. Entretanto, para um aumento da densidade populacional e para uma expansão das áreas para caminhar e pedalar, a cidade deve aumentar a quantidade e qualidade de espaços públicos agradáveis, bem planejados e, na escala do homem, sustentáveis, saudáveis, seguros e cheios de vida.

Cidades – assim como livros – podem ser lidas, e Jan Gehl entende sua linguagem. A rua, os caminhos para pedestres, a praça e o parque são a gramática da cidade; fornecem a estrutura que permite às cidades nascer, estimular e acomodar diversas atividades, daquelas quietas e contemplativas às ruidosas e agitadas. Uma cidade humana – com ruas, praças e parques cuidadosamente pensados – dá prazer aos visitantes e transeuntes, bem como àqueles que ali moram, trabalham e brincam diariamente.

Todos devem ter o direito a espaços abertos, facilmente acessíveis, tanto quanto têm direito à água tratada. Todos devem ter a possibilidade de ver uma árvore de sua janela, ou de sentar-se em um banco de praça, perto de sua casa, com um espaço para crianças, ou de caminhar até um parque em dez minutos. Bairros bem planejados inspiram os moradores, ao passo que comunidades mal planejadas brutalizam seus cidadãos. Como Jan diz: "Nós moldamos as cidades, e elas nos moldam".

Ninguém examinou tanto a morfologia e o uso do espaço público quanto Jan Gehl. Ao ler este livro, qualquer pessoa terá uma grande percepção, dentro da compreensão surpreendentemente criteriosa de Gehl, das relações entre os espaços públicos e a sociedade civil e de como os dois estão inextrincavelmente entrelaçados.

Londres, Fevereiro de 2012
Richard Rogers,
Baron Rogers of Riverside
CH-Kt, FRIBA, FCSD

Prólogo à Edição Brasileira
de Jaime Lerner

Se a vida, como disse Vinícius de Morais, é a arte do encontro, a cidade é o cenário desse encontro – encontro das pessoas, espaço das trocas que alimentam a centelha criativa do gênio humano.

Encontro deve se traduzir em qualquer momento de convivência com a cidade, seja no trabalho, no transporte, e também no lazer.

Jan Gehl foca, nesta obra de referência, aquilo que a cidade tem de mais importante: sua dimensão humana, as oportunidades de encontro que ocorrem nos espaços de vivência das relações cotidianas e como esses territórios precisam ser estruturados para que essa dimensão não se perca.

A premissa condutora deste grande livro é que as nossas cidades podem ser melhores se forem pensadas para aqueles que as criaram: as pessoas.

Gehl aborda, de forma aprofundada, objetiva e ricamente ilustrada, questões que são fundamentais à qualidade de vida na cidade e que se refletem na escala dos espaços, nas soluções de mobilidade, nas dinâmicas que favorecem a vitalidade, a sustentabilidade e a segurança das áreas urbanas, na valorização dos espaços públicos, nas possibilidades de expressão individual e coletiva, na beleza daquilo que pode ser apreendido ao nível do observador.

A mobilidade é um componente essencial à saúde da cidade. As cidades não podem ser pensadas para os carros. O ritmo do encontro é o ritmo da caminhada. Precisamos desenhar as nossas cidades para que o espaço do pedestre seja determinante e que outros modos leves de deslocamento, como a bicicleta, também sejam favorecidos. O transporte público precisa ser de qualidade, oferecendo confiabilidade, conforto e dignidade ao usuário.

Para a dinâmica urbana como um todo, a densidade gera a massa crítica necessária para dar suporte a uma gama mais ampla de serviços – cultura, arte, lazer, entretenimento, gastronomia – que tornam a vida citadina mais interessante e que fortalecem a base econômica local. Essa massa crítica também permite otimizar investimentos em infraestrutura, como transporte de alta capacidade, redes de energia e saneamento, tecnologia de comunicação e lógica. Há ainda o ganho de vitalidade dos espaços públicos pela intensidade de pessoas circulando e frequentando lugares, o que traz a sensação de proximidade, de companhia, de compartilhamento, de inclusão, de animação.

A diversidade é o que traz a riqueza da mistura, do complementar, do diverso. É expressa nas diferentes etnias, nas diferentes idades, nas diferentes rendas, nos diferentes usos, nas diferentes tipologias que animam o cenário urbano. Conecta-se a dois elementos fundamentais à qualidade de vida urbana: a identidade e a coexistência. A identidade gera o sentimento de pertencimento, a referência que nos orienta enquanto cidadãos. No âmbito urbano, a identidade se reflete nos vínculos que estabelecemos com os espaços da cidade, seus elementos de referência – patrimônio histórico, rios, ruas, praças e parques, edifícios emblemáticos –, que passam a fazer parte constitutiva do nosso cotidiano. Quanto mais diversificada for a cidade, mais humana ela será, na medida em que se entenda que a coexistência – a receita de se abraçar a diversidade enquanto se valoriza a identidade – deva ser exercitada.

Na relação entre diversidade, identidade e coexistência reside um dos segredos da segurança e da saúde da cidade.

A sustentabilidade reflete o diálogo entre o ambiente urbano e o natural. Se, por exemplo, alienamos os rios da paisagem da cidade, enterrando-os em caixas de concreto de forma que desapareçam da vista, perdemos essa referência e o ensejo para averiguar a qualidade de suas águas. Em contrapartida, se ao longo de suas margens implantamos um parque linear, se incorporamos o seu usufruto à nossa vivência urbana, a dimensão ambiental se valoriza e a sustentabilidade aumenta. Se combatemos o desperdício de todas as formas, aproximando-o de zero, reciclando o lixo, utilizando formas de deslocamento mais eficientes, aproximando funções urbanas de vida e trabalho, a sustentabilidade tenderá ao infinito.

Ruas, praças, parques: os espaços públicos são essenciais ao bom ambiente urbano. A forma como são desenhadas e mantidas essas "salas de estar" ao ar livre e, sobretudo, a interface que a dimensão privada a elas oferece – janelas, "olhos", permeabilidades ao invés de muros, grades, barreiras – é determinante para a vivacidade do cenário citadino.

Conquanto a cidade seja também o cenário de trocas econômicas, de produção cultural, de exibição de avanços tecnológicos, de fluxos e deslocamentos, ela é, acima de tudo, o lar da maioria da humanidade.

Criação humana por excelência, é nelas que as batalhas decisivas pela qualidade de vida de mais da metade da população do planeta serão travadas, e seus desdobramentos terão um efeito definidor no meio ambiente e nas relações sociais.

O autor destaca que "inicialmente nós moldamos as cidades – depois elas nos moldam. Assim, quanto mais humano for o espaço urbano que produzirmos, mais valorizada nossa dimensão humana estará. Uma cidade de pessoas para pessoas".

Jaime Lerner
junho de 2013

Prefácio do Autor

Formei-me em arquitetura em 1960, o que significa que há cinquenta anos venho acompanhando o desenvolvimento das cidades. Embora um privilégio, a jornada, sem dúvida, também tem sido inquietante.

A forma como as cidades são planejadas e se desenvolvem mudou dramaticamente ao longo desse período de meio século. Até 1960, mais ou menos, as cidades no mundo todo se desenvolviam principalmente com base em séculos de experiência. A vida no espaço da cidade era uma parte vital dessa riqueza de experiência e acreditava-se, naturalmente, que as cidades eram construídas para as pessoas.

Em sintonia com a florescente expansão urbana, o desenvolvimento da cidade transferiu-se para profissionais, os urbanistas. Teorias e ideologias começaram a substituir a tradição como base para o desenvolvimento. O modernismo teve enorme influência, com sua visão de cidade como máquina e com suas partes separadas por função. Aos poucos, um novo grupo, o de planejadores de tráfego, entrou em cena com suas ideias e teorias de como garantir as melhores condições – para o tráfego de veículos.

Nem os urbanistas, nem os planejadores de tráfego colocaram o espaço urbano e a vida nas cidades no topo de suas agendas e, por muitos anos, havia pouco conhecimento sobre como as estruturas físicas influenciam o comportamento humano. As consequências drásticas desse tipo de planejamento sobre o uso da cidade pelas pessoas não foram reconhecidas até muito depois.

Em geral, o planejamento urbano ao longo dos últimos cinquenta anos tem sido tarefa difícil. Não se reconhece que a vida na cidade tenha se distanciado de seguir a tradição para tornar-se uma função urbana vital, exigindo consideração e cuidadoso planejamento de profissionais.

Agora, depois de muitos anos, acumulou-se razoável conhecimento em relação à conexão entre forma física e comportamento humano. Temos uma amplitude de informações sobre o que pode e deve ser feito. Ao mesmo tempo, as cidades e seus habitantes tornaram-se muito ativos na reivindicação por um urbanismo voltado às pessoas. Nos últimos anos, e no mundo todo, muitas aglomerações urbanas empreenderam sérios esforços para concretizar o sonho de melhores cidades para as pessoas. Inúmeros projetos inspiradores e estratégias urbanas visionárias apontam em novas direções, após anos de negligência.

De modo geral, agora se aceita que a vida na cidade e a consideração pelas pessoas no espaço urbano devem ter um papel-chave no planejamento urbano e de áreas edificadas. Não só esse setor foi mal administrado durante anos, mas só agora é que se percebe o quanto cuidar das pessoas na cidade é fator essencial para obtenção de cidades mais vivas, mais seguras, sustentáveis e saudáveis; todos objetivos de crucial importância no século XXI. Espero que este livro possa dar uma modesta contribuição para essa nova e importante direção.

Este livro foi possível em função da estreita cooperação de um grupo altamente motivado e capaz, com quem trabalhar foi um prazer e uma inspiração. Quero estender meus sinceros agradecimentos a Andrea Have e Isabel Duckett pela sua ajuda na edição de fotos e diagramação, a Camilla Richter-Friis van Deurs pelos gráficos e ilustrações, a Karen Steenhard pela tradução do livro do dinamarquês para o inglês e, por último, mas não menos importante, a Birgitte Bundesen Svarre, gerente de projeto, que dirigiu o autor, a equipe e o projeto com mão firme, mas gentil.

Meus agradecimentos também ao escritório Gehl Arquitetos, pelo espaço e auxílio, sobretudo na forma de muitas das ilustrações. Agradeço aos muitos amigos, colegas pesquisadores e fotógrafos do mundo todo que, generosamente, colocaram suas fotos à minha disposição.

Gostaria de agradecer a Solvejg Reigsted, Jon Pape e Klaus Bech Danielsen pela crítica construtiva do conteúdo e da edição. Um enorme "muito obrigado" também a Tom Nielsen, da Escola de Arquitetura Aarhus, pelos conselhos construtivos e atentos em cada fase do projeto.

Ao lorde Richard Rogers, de Londres, meus calorosos agradecimentos pelo seu prólogo e valiosa introdução ao livro.

Dirijo ainda profundo agradecimento à Fundação Realdania, que me inspirou a executar este projeto e propiciou o auxílio financeiro para torná-lo possível.

Para concluir, meus mais sinceros agradecimentos à minha esposa, psicóloga Ingrid Gehl que, já no início dos anos de 1960, apontava meu interesse na interação entre forma e vida como pré-condição crucial à boa arquitetura e que, discretamente, salientou que essa área específica precisaria de muita compaixão e muitos estudos ao longo dos anos. Nos anos subsequentes, Ingrid trouxe ilimitada compaixão e infinitos *insights* tanto para mim quanto para a causa geral. A você, minha mais profunda gratidão.

Jan Gehl
Copenhague, fevereiro de 2010

1
A Dimensão Humana

a dimensão humana – esquecida, negligenciada, progressivamente eliminada

2   cidades para pessoas

1. 1
A dimensão humana

a dimensão humana – esquecida, negligenciada, progressivamente eliminada

Por décadas, a dimensão humana tem sido um tópico do planejamento urbano esquecido e tratado a esmo, enquanto várias outras questões ganham mais força, como a acomodação do vertiginoso aumento do tráfego de automóveis. Além disso, as ideologias dominantes de planejamento – em especial, o modernismo – deram baixa prioridade ao espaço público, às áreas de pedestres e ao papel do espaço urbano como local de encontro dos moradores da cidade. Por fim, gradativamente, as forças do mercado e as tendências arquitetônicas afins mudaram seu foco, saindo das inter-relações e espaços comuns da cidade para os edifícios individuais, os quais, durante o processo, tornaram-se cada vez mais isolados, autossuficientes e indiferentes.

Uma característica comum de quase todas as cidades – independentemente da localização, economia e grau de desenvolvimento – é que as pessoas que ainda utilizam o espaço da cidade em grande número são cada vez mais maltratadas.

Espaço limitado, obstáculos, ruído, poluição, risco de acidentes e condições geralmente vergonhosas são comuns para os habitantes, na maioria das cidades do mundo.

O rumo dos acontecimentos não só reduziu as oportunidades para o pedestrianismo como forma de locomoção, mas também deixou sitiadas as funções cultural e social do espaço da cidade. A tradicional função do espaço da cidade como local de encontro e fórum social para os moradores foi reduzida, ameaçada ou progressivamente descartada.

uma questão de vida ou morte – há cinco décadas

Há cinquenta anos, em 1961, a jornalista e escritora americana Jane Jacobs publicou seu livro seminal *Morte e Vida das Grandes Cidades*[1]. Ela assinalava como o dramático aumento do tráfego de automóveis e a ideologia urbanística do modernismo, que separa os usos da cidade e destaca edifícios individuais autônomos, poriam um fim ao espaço urbano e à vida da cidade, resultando em cidades sem vida, esvaziadas de pessoas. De forma convincente, descreveu ainda as qualidades de viver e apreciar cidades vivas como observava do lugar onde morava, o Greenwich Village, em Nova York.

Jane Jacobs foi a primeira voz forte a clamar por uma mudança decisiva na maneira como construímos cidades. Pela primeira vez na história do homem como colonizador, as cidades não eram mais construídas como conglomerações de espaço público e edifícios, mas como construções individuais. Ao mesmo tempo, o florescente tráfego de automóveis estava efetivamente espremendo o restante da vida urbana para fora do espaço urbano.

a dimensão humana vs. ideologias de planejamento

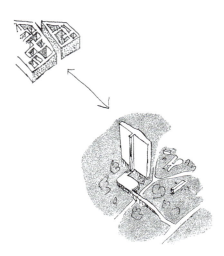

Os modernistas rejeitaram a cidade e o espaço da cidade, mudando seu foco para construções individuais. Essa ideologia tornou-se dominante por volta de 1960 e seus princípios continuam a afetar o planejamento de muitas áreas urbanas novas. Se alguém pedisse a uma equipe de planejamento para reduzir drasticamente a vida entre edifícios, eles não encontrariam um método mais efetivo do que a utilização dos princípios modernistas de planejamento (diagrama de Propos d'urbanisme de Le Corbusier [1946])[2]. Fotos: Täby, Suécia; Melbourne, Austrália; e Nuuk, Groenlândia)

progresso apesar das probabilidades

Nas cinco décadas desde 1961, muitos pesquisadores e teóricos do planejamento urbano contribuíram para os estudos e argumentos nessa discussão da vida ou morte nas cidades. Acumulou-se grande quantidade de conhecimento novo.

Registrou-se também importante progresso no planejamento urbano prático, tanto em termos de princípios de planejamento como de planejamento do tráfego. Especialmente em décadas recentes, muitas áreas urbanas pelo mundo tiveram que se esforçar para criar melhores condições para pedestres e para a vida urbana, dando menor prioridade ao tráfego de automóveis.

Mais uma vez, sobretudo em décadas recentes, houve alguns interessantes distanciamentos dos ideais do planejamento urbano modernista, particularmente para a criação de novas cidades e áreas residenciais. Felizmente, vem aumentando o interesse na construção de áreas dinâmicas e de uso misto, em vez de grupos de edifícios autônomos isolados.

Nas últimas cinco décadas, também houve correspondente desenvolvimento no planejamento de tráfego. Diferenciaram-se acomodações de tráfego,

a dimensão humana vs. a invasão do carro

Em torno de 1960, grandes quantidades de carros invadiram as cidades do mundo todo, marcando o início do processo que corroeu as condições necessárias para as pessoas se envolverem em uma vida na cidade. As transgressões foram tantas e tão flagrantes que é quase impossível avaliar como essa invasão foi prejudicial para a qualidade das cidades (Itália, Irlanda e Bangladesh).

introduziram-se princípios de moderação de tráfego e tomaram-se vários passos em relação à segurança no trânsito.

Entretanto, o aumento do tráfego de veículos explodiu e enquanto os problemas eram tratados em alguns lugares do mundo, em outros, eles simplesmente se acumularam rapidamente.

é necessário um esforço muito maior

Apesar da tendência negativa de aumento do uso do automóvel, alguns desenvolvimentos positivos surgiram como reação à falta de interesse pela vida urbana como se via por volta de 1960.

Não é surpresa que progresso e melhorias sejam vistos principalmente nas áreas economicamente mais avançadas do mundo. Em muitos casos, entretanto, prósperos enclaves também adotaram a ideologia do modernismo como ponto de partida para novas áreas urbanas e para localizar torres autossuficientes nos centros das cidades. Nessas admiráveis novas cidades, a dimensão humana nunca esteve na ordem do dia, nem agora nem antes.

Nos países emergentes, a situação da dimensão humana é bem mais séria e complexa. A maioria da população é forçada a usar intensamente o espaço da cidade, para muitas atividades cotidianas. Tradicionalmente, o espaço urbano funcionou em um nível bem aceitável para esses usos, mas quando o tráfego de automóveis, por exemplo, cresce vertiginosamente, a competição pelo espaço se intensifica. A cada ano, as condições para a vida urbana e para os pedestres tornam-se menos dignas.

a dimensão humana – dimensão necessária de um novo planejamento

Pela primeira vez na história, logo depois da virada do milênio, a maior parte da população global é urbana e não rural. As cidades cresceram rapidamente e o crescimento urbano vai continuar acelerado nos próximos anos. Tanto as cidades existentes como as novas terão que fazer mudanças cruciais em relação aos pressupostos para o planejamento e suas prioridades. Deve-se destacar, como objetivo-chave para o futuro, um maior foco sobre as necessidades das pessoas que utilizam as cidades.

Esse é o plano de fundo para a proeminência da dimensão humana no planejamento urbano, neste livro. As cidades devem pressionar os urbanistas e os arquitetos a reforçarem as áreas de pedestres como uma política urbana integrada para desenvolver cidades vivas, seguras, sustentáveis e saudáveis. Igualmente urgente é reforçar a função social do espaço da cidade como local de encontro que contribui para os objetivos da sustentabilidade social e para uma sociedade democrática e aberta.

procuram-se: cidades vivas, seguras, sustentáveis e saudáveis

Agora, no início do século XXI, podemos perceber os contornos dos vários e novos desafios globais que salientam a importância de uma preocupação muito mais focalizada na dimensão humana. A visão de cidades vivas, seguras, sustentáveis e saudáveis tornou-se um desejo universal e urgente. Os quatro objetivos-chave – cidades com vitalidade, segurança, sustentabilidade e saúde – podem ser imensamente reforçados pelo aumento da preocupação com pedestres, ciclistas e com a vida na cidade em geral. Um grande reforço desses objetivos é uma intervenção política unificada por toda a cidade para garantir que os moradores sintam-se convidados a caminhar e pedalar, tanto quanto possível, em conexão com suas atividades cotidianas.

uma cidade cheia de vida

Reforça-se a potencialidade para a cidade tornar-se viva, sempre que mais pessoas sintam-se convidadas a caminhar, pedalar ou permanecer nos espaços da cidade. A importância da vida no espaço público, particularmente as oportunidades sociais e culturais, assim como as atrações associadas com uma cidade cheia de vida, será discutida em seção posterior do livro.

uma cidade segura

Em geral, reforça-se o potencial para uma cidade segura quando mais pessoas se movimentam pela cidade e permanecem nos espaços urbanos. Uma cidade que convida as pessoas a caminhar, por definição, deve ter uma estrutura razoavelmente coesa que permita curtas distâncias a pé, espaços públicos atrativos e uma variedade de funções urbanas. Esses elementos aumentam a atividade e o sentimento de segurança dentro e em volta dos espaços urbanos. Há mais olhos nas ruas e um incentivo maior para acompanhar os acontecimentos da cidade, a partir das habitações e edifícios do entorno.

uma cidade sustentável

A cidade sustentável é geralmente fortalecida se grande parte de seu sistema de transporte puder se dar por meio da "mobilidade verde", ou seja, deslocar-se a pé, de bicicleta ou por transporte público. Esses meios proporcionam acentuados benefícios à economia e ao meio ambiente, reduzem o consumo de recursos, limitam as emissões e diminuem o nível de ruídos.

Outro aspecto sustentável importante é o aumento de atratividade exercida pelos sistemas de transporte público, quando os usuários se sentirem seguros e confortáveis caminhando ou indo de bicicleta para e a partir dos ônibus, trens e veículos sobre trilhos. Um bom espaço público e um bom sistema público de transporte são, simplesmente, dois lados de uma mesma moeda.

uma cidade saudável

O desejo de uma cidade saudável é intensificado se o caminhar ou o pedalar forem etapas naturais do padrão de atividades diárias.

Hoje, percebe-se um rápido crescimento dos problemas de saúde pública porque grandes segmentos da população, em vários lugares do mundo, tornaram-se sedentários, uma vez que os carros fazem todo o transporte porta a porta.

Um convite sincero para caminhar e pedalar, como fenômeno natural e integrado à rotina diária, deve ser um aspecto inegociável de uma política unificada de saúde.

quatro objetivos – uma política

Resumindo, uma preocupação crescente com a dimensão humana no planejamento urbano reflete uma exigência distinta e forte por melhor qualidade de vida urbana. Existem conexões diretas entre as melhorias para as pessoas no espaço da cidade e as visões para obter cidades vivas, seguras, sustentáveis e saudáveis.

Comparado a outros investimentos sociais – particularmente os de saúde e de infraestrutura de veículos – o custo de incluir a dimensão humana é tão modesto, que os investimentos nessa área serão possíveis a cidades do mundo todo, independentemente do grau de desenvolvimento e capacidade financeira. De qualquer forma, a preocupação e a consideração tornam-se os investimentos-chave e os benefícios, enormes.

Uma cidade viva, segura, sustentável e saudável é o objetivo maior do Plano para Nova York de 2007[3]. Uma nova ciclovia e o alargamento das calçadas na Broadway, em Manhattan (implantados em 2008)[4].

a dimensão humana   7

mais vias, mais tráfego – menos vias, menos tráfego

Depois de cem anos de tráfego de automóveis, é notório que mais vias levam a um aumento de trânsito. Em Xangai, China, e em outras grandes cidades, maior número de vias, de fato, significa mais tráfego e mais congestionamento.

Quando Embarcadero, larga via expressa em São Francisco, foi fechada depois do terremoto de 1989, as pessoas rapidamente adaptaram seu comportamento no trânsito e o tráfego residual encontrou outras rotas. Hoje, a Embarcadero é um agradável bulevar com árvores, bondes e boas condições para a vida na cidade e para os ciclistas.

Em 2002, Londres introduziu um pedágio urbano em vias congestionadas, o que significava que os motoristas passariam a pagar para dirigir em determinada área do centro da cidade. Desde o começo, a cobrança dessa taxa reduziu drasticamente o tráfego de veículos. Mais tarde, a zona atingida pelo pedágio foi ampliada a oeste e agora compreende quase 50 km[25].

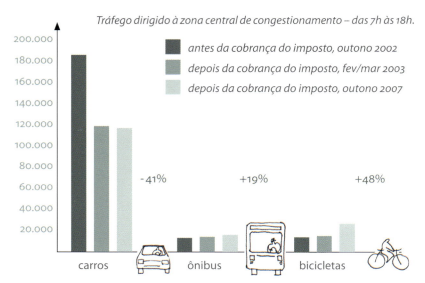

Tráfego dirigido à zona central de congestionamento – das 7h às 18h.

- antes da cobrança do imposto, outono 2002
- depois da cobrança do imposto, fev/mar 2003
- depois da cobrança do imposto, outono 2007

carros −41%   ônibus +19%   bicicletas +48%

8   cidades para pessoas

1. 2
Primeiro nós moldamos as cidades – então, elas nos moldam

planejamento da cidade e padrões de uso – uma questão de convite

Se olharmos a história das cidades, pode-se ver claramente que as estruturas urbanas e o planejamento influenciam o comportamento humano e as formas de funcionamento das cidades. O Império Romano tinha as cidades coloniais com seus planos fixos e regimentais das principais ruas, fóruns, edifícios públicos e quartéis, uma fórmula que reforçou seu papel militar. A estrutura compacta das cidades medievais com curtas distâncias a pé, praças e mercados dava suporte à sua função como centros de comércio e artesanato. A estratégica renovação urbana de Paris, por Haussmann, nos anos após 1852, em particular os largos bulevares, deram apoio ao controle militar da população, bem como forneceram a plataforma para uma "cultura especial do bulevar" que espalhou passeios públicos e cafés ao longo das ruas largas da cidade.

mais ruas – mais tráfego

Foi no século XX que a ligação entre convites e comportamento atingiu o ponto crítico para as cidades. Nos esforços para lidar com a maré crescente de automóveis, todo espaço disponível da cidade era simplesmente preenchido com veículos em movimento e estacionados. Cada cidade tinha exatamente tanto tráfego quanto seu espaço permitia. Em todos os casos, as tentativas de construir novas vias e áreas de estacionamento para aliviar a pressão do tráfego geraram mais trânsito e congestionamento. O volume do tráfego, em quase todo lugar, é mais ou menos arbitrário, dependendo da infraestrutura de transporte disponível, porque sempre encontraremos novas formas de aumentar o uso do carro; construir vias adicionais é um convite direto à aquisição e ao uso de mais automóveis.

menos vias – menos tráfego?

Se mais vias significam mais tráfego, o que acontece se forem convidados menos carros – em vez de mais? O terremoto de 1989 em São Francisco causou tanto estrago à Embarcadero, ao longo da baía, uma das artérias vitais e de tráfego intenso com destino ao centro, que ela teve que ser fechada. Dessa forma, de um só golpe, removeu-se importante rota para o centro da cidade, mas antes que alguns planos para sua reconstrução saíssem da prancheta, ficou claro que a cidade se virava bem sem ela. Os usuários, rapidamente, adaptaram-se à nova situação e, em lugar de uma via expressa danificada de dois andares, hoje há um bulevar com bondes, árvores e amplas calçadas. Nos anos seguintes, São Francisco continuou a transformar autopistas em calmas ruas de bairro. Podem-se encontrar exemplos similares em Portland, Oregon; Milwaukee, Wisconsin; e Seul, na Coreia do Sul, onde o desmantelamento do sistema de largas avenidas reduziu a capacidade e a quantidade de tráfego.

convidando ciclistas – exemplo Copenhague

Abaixo: indo para e vindo do trabalho e/ou da escola em Copenhague (2008)

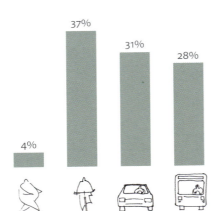

Em 2005, um maior número de bicicletas do que de carros entrava e saía da zona central de Copenhague, durante as horas de pico.

Por muitos anos, Copenhague estimulou um maior uso de bicicletas. Agora, redes de boas ciclovias dão apoio a esse seguro e eficaz sistema alternativo de locomoção. Em 2008, os ciclistas respondiam por 37% da movimentação de e para o trabalho e escolas. O objetivo é atingir os 50%[6].

O desenvolvimento de uma cultura diferente do uso da bicicleta é um resultado importante dos muitos anos de trabalho de estímulo às pessoas para pedalar em Copenhague. Essa prática tornou-se significativa na atividade cotidiana em todos os grupos sociais. Mais de 50% dos habitantes pedalam todos os dias[7].

Em 2002, Londres instituiu um pedágio urbano para os veículos que se dirigiam ao centro da cidade. O efeito imediato da nova taxa foi a redução de 18% do trânsito nos 24 km² da zona central da cidade. Depois de alguns anos, o tráfego novamente aumentou nessa área, a taxa foi elevada de cinco para oito libras e, mais uma vez, o tráfego diminuiu. Esse pedágio acabou transformando o apelo de utilizar o carro para ir e vir ao centro em um convite vigiado. Reduziu-se o trânsito naquele perímetro e as taxas ajudam na melhoria do sistema de transporte público que agora leva mais passageiros. Transformou-se o padrão de uso[8].

melhores condições para as bicicletas – mais ciclistas

A cidade de Copenhague vem reestruturando sua rede viária há décadas, removendo faixas para automóveis e áreas de estacionamento em um processo deliberado para criar condições melhores e mais seguras para o tráfego de bicicletas. Ano após ano, os habitantes da cidade são convidados a pedalar mais. Toda a cidade agora é servida por um adequado e eficaz sistema de ciclovias, separadas das calçadas e das faixas de automóveis por meios-fios. As interseções da cidade têm faixas para bicicletas pintadas em azul e semáforos especiais mudam para o verde seis segundos antes do que para os carros, deixando muito mais seguro o pedalar pela cidade. Em resumo, um claro convite foi estendido aos ciclistas e os resultados refletem-se claramente nos padrões de uso da cidade.

O movimento de bicicletas dobrou de 1995 a 2005 e, em 2008, as estatísticas mostraram que 37% do transporte pessoal do e para o trabalho e escolas eram feitos por bicicleta. O objetivo é aumentar consideravelmente essa porcentagem nos próximos anos[9].

Em 2007, iniciou-se em Nova York abrangente ampliação das oportunidades de uso da bicicleta. As fotos mostram a Nona Avenida em Manhattan, em abril e novembro de 2008, com o novo estilo copenhaguense de ciclofaixas, projetado de tal modo que os carros estacionados protegem o tráfego de bicicletas. Em apenas dois anos, o uso de bicicletas em Nova York dobrou.

À medida que melhoram as condições para os ciclistas, surge uma nova cultura da bicicleta. Crianças e idosos, homens e mulheres de negócios e estudantes, pais com crianças pequenas, prefeitos e realeza, todos andam de bicicleta. Andar de bicicleta tornou-se a forma de se locomover na cidade. É mais rápido e mais barato que outras opções de transporte, é mais saudável e é bom para o meio ambiente.

a dimensão humana 11

melhor espaço urbano, mais vida na cidade – exemplo Copenhague

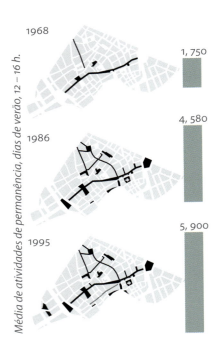

Média de atividades de permanência, dias de verão, 12 – 16 h.

1968 — 1,750
1986 — 4,580
1995 — 5,900

Um gradual processo iniciado em 1962 aumentou as áreas sem veículos em Copenhague. Estudos de 1968, 1986 e 1995, sobre a vida pública no espaço público, mostram que o índice das atividades de permanência aumentou quatro vezes no período estudado. Quanto mais espaço é ofertado, mais vida tem a cidade[10].

Acima à direita: Strædet, uma rua de Copenhague antes e depois de sua conversão em área com prioridade para pedestres em 1992.

À direita: Nyhavn transformada em rua de pedestres em 1980.

melhores condições para a vida urbana – mais vida na cidade

Não é surpresa que uma conexão direta entre convites e padrões de uso também possa ser demonstrada para a movimentação de pedestres e a vida na cidade.

Muitas cidades antigas estabeleceram-se como cidades para pedestres, e essa função continua naquelas onde a topografia tornou impossível o tráfego de veículos, ou onde a economia e as redes sociais ainda são baseadas nos percursos a pé.

Veneza goza de uma situação toda especial entre as velhas cidades para pedestres. Ao longo de sua milenar história, continuamente, tem funcionado como cidade de pedestres e, até hoje, funciona porque as inúmeras pontes sobre os canais e as ruas estreitas impediram o acesso dos carros. Na Idade Média, Veneza era a maior e mais rica cidade da Europa. Além disso, o fato de a cidade ter sido pensada e adaptada para uso de pedestres, durante séculos, a torna, hoje, particularmente interessante como modelo para se trabalhar com a dimensão humana.

Veneza tem tudo: densa estrutura urbana, curtas distâncias a pé, belos percursos e espaços, intensa mistura de usos, térreos bem ativos, arquitetura diferenciada e detalhes cuidadosamente pensados – e tudo isso numa escala humana. Durante séculos, Veneza ofereceu uma estrutura urbana sofisticada e continua a fazê-lo, como um generoso convite para o caminhar.

Felizmente, agora podemos estudar os resultados desse convite para um aumento do pedestrianismo e da vida urbana em cidades antes dominadas pelo uso do automóvel e anos de negligência da dimensão humana. Nas últimas décadas, muitas dessas cidades fizeram esforços objetivos no sentido de criar melhores condições aos pedestres e à vida na cidade.

Os trabalhos desenvolvidos em Copenhague, Dinamarca e em Melbourne, Austrália, têm interesse especial, porque essas cidades não só melhoraram sistematicamente as condições para a vida urbana e a movimentação de pedestres, mas também registraram essa transformação e podem documentar mudanças e o crescimento na vida urbana, em sintonia com as melhorias realizadas.

Copenhague –
melhor espaço urbano, mais vida na cidade

Depois de anos cerceando o surgimento de áreas de pedestres, Copenhague foi uma das primeiras cidades na Europa a enfrentar o problema, no começo dos anos de 1960, e a começar a reduzir o tráfego de automóveis e estacionamentos no centro da cidade, a fim de criar novamente um melhor espaço para a vida na cidade.

Strøget, a rua mais tradicional de Copenhague, foi transformada em grande calçadão já em 1962. Havia muito ceticismo. Um projeto como esse, tão ao norte, teria sucesso?

Após curto período, ficou evidente que o projeto estava conseguindo maior sucesso e mais rápido do que qualquer previsão. O número de pedestres cresceu 35% só no primeiro ano. Era mais confortável caminhar e havia espaço para mais gente. Desde então, mais ruas foram convertidas para uso de pedestres e para a vida na cidade e, um a um, os estacionamentos no centro foram transformados em praças que acolhem a vida pública.

De 1962 a 2005, a área destinada aos pedestres e à vida urbana cresceu sete vezes: de cerca de 15.000 m² para algo como 100.000 m²[11].

Pesquisadores da Escola de Arquitetura, da Academia Real de Belas Artes da Dinamarca, monitoraram o desenvolvimento da cidade por todo o período. Extensas análises feitas em 1968, 1986, 1995 e 2005 documentaram significante mudança na vida da cidade. Os muitos e francos convites para caminhar, permanecer e sentar no espaço público comum resultaram em um novo e notável padrão urbano: muito mais pessoas caminham e permanecem na cidade[12].

O padrão no centro da cidade agora se repete em bairros periféricos, onde nos últimos anos, muitas ruas e praças foram transformadas de ilhas de tráfego a praças para pessoas. A conclusão é inequívoca: se as pessoas, e não os carros, são convidadas para a cidade, o tráfego de pedestres e a vida urbana aumentam na mesma proporção.

Melbourne –
melhores ruas, mais praças, mais vida na cidade

Por volta de 1980, a área central de Melbourne era uma coleção indiferente de escritórios e torres, sem vida e sem uso. A cidade tinha o apelido de "rosquinha", porque era vazia no centro. Em 1985, iniciou-se um extenso projeto de renovação urbana para transformar o centro em um polo atrativo e cheio de vida para os mais de três milhões de habitantes da região. De 1993 a 1994, os problemas do centro urbano foram analisados, documentou-se o volume da vida urbana e elaborou-se um ambicioso programa de melhorias para a década seguinte.

melhor espaço urbano, mais vida na cidade – exemplo Melbourne

Tráfego de pedestres em Melbourne

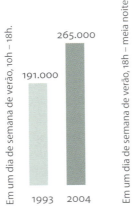
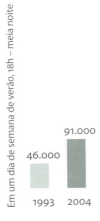

Em um dia de semana de verão, 10h – 18h.
191.000 (1993)
265.000 (2004)

Em um dia de semana de verão, 18h – meia noite
46.000 (1993)
91.000 (2004)

Entre 1993 e 2004, a cidade de Melbourne, Austrália, implantou um amplo programa de melhoria das condições para a vida na cidade. O estudo realizado em 2005 mostrou um aumento de 39% de pedestres desde 1993 e três vezes mais pessoas permanecendo na cidade por certo tempo. As melhorias de qualidade serviram como um convite direto ao aumento dessa atividade na cidade[13].

A Federation Square é um dos novos espaços que funcionam bem em Melbourne e muitas das arcadas e alamedas esquecidas da cidade foram incorporadas como espaços de permanência. No geral, Melbourne fez grandes esforços para estimular os moradores a utilizarem sua cidade.

14 cidades para pessoas

De 1994 a 2004, implantou-se uma quantidade impressionante de melhorias urbanas. O número de unidades habitacionais no centro cresceu dez vezes, e o número de habitantes cresceu de 1000 (1992) para quase 10.000 (2002). O número de estudantes matriculados no centro ou nas proximidades cresceu 67%. Foram criadas novas praças, incluindo a praça central, Federation Square, de forte presença arquitetônica; pequenas arcadas, alamedas e amplos passeios ao longo do rio Yarra foram abertos para movimentação e permanência de pedestres[15].

O fator mais extraordinário foi, no entanto, a intenção de convidar as pessoas a caminhar pela cidade. Desde sua criação, Melbourne é uma típica cidade colonial inglesa de ruas largas e quarteirões regulares. Logo no início do processo de renovação urbana, decidiu-se fazer todo o possível visando estimular as pessoas a caminhar por essa cidade de ruas. As calçadas foram aumentadas, novos pisos criados com a utilização de pedra local, basalto azul, e criou-se um novo mobiliário urbano, com bons materiais. O perfil da cidade confortável às pessoas foi seguido por uma extensa estratégia "verde" que incluía o plantio anual de quinhentas novas árvores para proteger o caráter local e para dar sombra às calçadas. Um programa amplo de arte na cidade e um bem elaborado sistema de iluminação noturna completam o quadro de uma cidade que tem perseguido uma política dedicada a criar convites para movimentação e permanência de pedestres. Elaborados em 1994 e 2004, dois grandes levantamentos sobre o tipo de vida nos espaços públicos mostram que tanto a movimentação de pedestres quanto as atividades de maior tempo de permanência aumentaram notadamente em consonância com as muitas melhorias urbanas. No geral, a movimentação de pedestres durante a semana, na área central de Melbourne, aumentou 39% durante o dia, enquanto o uso noturno da cidade pelos pedestres dobrou. O interessante é que esse aumento foi notado não apenas nas ruas principais, mas no centro da cidade, em geral. As pessoas estão migrando para lá. Atividades de maior tempo de permanência na cidade também cresceram muito. As novas praças, largas calçadas e passagens recém-reformadas oferecem muitas novas e atrativas possibilidades de permanência e o nível de atividade quase triplicou em dias de semana normais[16].

Em Brighton, Inglaterra, após a transformação da New Road em rua com prioridade para pedestres, o movimento deles aumentou 62% enquanto o número de atividades com permanência aumentou 600%. As fotos mostram a via antes e depois da conversão em 2006[14].

a dimensão humana

melhor espaço urbano, mais vida na cidade – exemplo rio Århus, Dinamarca

O rio que atravessa Århus, a segunda maior cidade da Dinamarca, foi canalizado e utilizado como importante via de tráfego, antes de ser reaberto em 1998. Desde então, a área de pedestres e recreação, ao longo do rio, é o mais popular espaço urbano. Os preços do mercado imobiliário, ao longo do rio, também estão entre os mais altos da cidade.

documentando a vida na cidade – importante instrumento para o desenvolvimento urbano

Os levantamentos de Melbourne e Copenhague são especialmente interessantes, porque as análises da vida normal na cidade documentaram que melhorar as condições para os pedestres e para a cidade leva essencialmente a novos padrões de uso e mais vitalidade no espaço urbano. Uma ligação precisa entre a qualidade do espaço público e o propósito da vida na cidade foi claramente documentada nas duas cidades, Melbourne e Copenhague – no nível urbano.

melhor espaço urbano, mais vida nas cidades – cidades, espaço urbano e detalhes

Não é de estranhar que a estreita ligação entre uso do espaço público pelas pessoas, a qualidade desse espaço e o grau de preocupação com a dimensão humana seja um padrão geral que pode ser visto em todas as escalas. Assim como as cidades podem convidar as pessoas para uma vida na cidade, há muitos exemplos de como a renovação de um único espaço, ou mesmo a mudança no mobiliário urbano e outros detalhes podem convidar as pessoas a desenvolver um padrão de uso totalmente novo.

O rio Århus, na Dinamarca, canalizado e transformado em via para o tráfego de veículos na década de 1930, foi reaberto em 1996-1998 e os espaços ao longo de seu curso transformaram-se em área de recreação e pedestres. Desde então, as áreas ao longo do rio vêm sendo o espaço externo comum mais utilizado da cidade. Essa transformação foi tão popular e economicamente tão bem-sucedida – o valor dos edifícios ao longo do rio mais que dobrou– que outro trecho maior do rio foi reaberto em 2008. O novo espaço da cidade e os novos convites levaram ao desenvolvimento de padrões completamente novos de uso da cidade.

Mudanças simples, como melhorias nos bancos no porto de Aker Brygge, em Oslo, podem mudar os padrões de uso de forma significativa. Em 1998, os bancos antigos foram substituídos por modelos novos que mais que dobraram a capacidade de assentos da área (+129%). Levantamentos feitos em 1998 e 2000, antes

mais bancos, mais pessoas sentando – exemplo Aker Brygge, Oslo

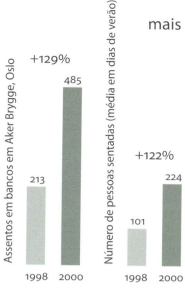

Os mais modestos convites também têm efeitos mensuráveis. A duplicação dos assentos em Aker Brygge, em Oslo, dobrou o número de pessoas sentadas nessa área[18].

pessoas na cidade – uma questão de convite

e depois da mudança, mostram que dobrou o número de pessoas que utilizam os bancos, em resposta às novas opções (+ 122%)[17].

A conclusão de que se oferecido um melhor espaço urbano o uso irá aumentar é aparentemente válida para os espaços públicos de grandes cidades, os espaços urbanos isolados até para um único banco de praça ou cadeira. A conclusão, em geral, também é válida em várias culturas e partes do mundo, em inúmeros climas e em diferentes economias e situações sociais. O planejamento físico pode influenciar imensamente o padrão de uso em regiões e áreas urbanas específicas. O fato de as pessoas serem atraídas para caminhar e permanecer no espaço da cidade é muito mais uma questão de se trabalhar cuidadosamente com a dimensão humana e lançar um convite tentador.

A cada ano, no verão, a avenida ao longo do rio Sena, em Paris, é fechada e convertida na "Praia Paris", rapidamente invadida por milhares de habitantes que esperaram durante todo o inverno por esse convite.

a dimensão humana

atividades necessárias, opcionais e sociais

Atividades necessárias são partes integrantes, não opcionais, do dia a dia. Nesse caso, não se tem escolha.

Atividades opcionais são divertidas e de lazer. A qualidade da cidade é uma condição decisiva para esse importante grupo de atividades.

Atividades sociais incluem todo tipo de contato entre as pessoas e ocorrem em qualquer lugar onde existam pessoas nos espaços da cidade.

1.3
A cidade como lugar de encontro

há muito mais em caminhar do que apenas andar!

Como conceito, "a vida entre edifícios" inclui todas as diferentes atividades em que as pessoas se envolvem quando usam o espaço comum da cidade: caminhadas propositais de um lugar a outro; calçadões; paradas curtas; paradas mais longas; ver vitrines; bater papo e encontrar pessoas; fazer exercícios; dançar; divertir-se; comércio de rua; brincadeiras infantis; pedir esmolas; e entretenimento de rua[19].

Caminhar é o início, o ponto de partida. O homem foi criado para caminhar e todos os eventos da vida – grandes e pequenos – ocorrem quando caminhamos entre outras pessoas. A vida em toda a sua diversidade se desdobra diante de nós quando estamos a pé.

Em cidades vivas, seguras, sustentáveis e saudáveis, o pré-requisito para a existência da vida urbana é oferecer boas oportunidades de caminhar. Contudo, a perspectiva mais ampla é que uma infinidade de valiosas oportunidades sociais e recreativas apareça quando se reforça a vida a pé.

Por vários anos, durante os quais a circulação de pedestres foi tratada, sobretudo, como forma de transporte dentro do planejamento de tráfego, a vida na cidade, repleta de nuances e oportunidades, foi amplamente ignorada ou negligenciada. Os termos usados eram "tráfego de pedestres", "fluxo de pedestres", "capacidade da calçada" e "cruzar a rua com segurança".

Mas nas cidades, há muito mais em caminhar do que simplesmente andar! Há um contato direto entre as pessoas e a comunidade do entorno, o ar fresco, o estar ao ar livre, os prazeres gratuitos da vida, experiências e informação. Em essência, caminhar é uma forma especial de comunhão entre pessoas que compartilham o espaço público como uma plataforma e estrutura.

é também – e em especial sobre – a cidade como lugar de encontro

Se observarmos mais de perto os estudos sobre a vida na cidade, antes mencionados, percebemos que, uma após outra, nas cidades onde as condições para vivenciar o tráfego a pé foram melhoradas, a gama de atividades desenvolvidas por esse meio aumenta de forma significativa. Vemos até mesmo um crescimento mais amplo nas atividades sociais e de recreação.

Como já mencionamos, um maior número de vias convida ao tráfego de automóveis. Melhores condições para os ciclistas convidam mais pessoas a pedalar, mas ao melhorar as condições para os pedestres, não só reforçamos a circulação a pé, mas também – e mais importante – reforçamos a vida da cidade.

Assim, podemos ampliar o nível da discussão das questões de tráfego para uma discussão muito mais ampla e abrangente relativa às condições de vida e às opções humanas na cidade.

uma vida urbana multifacetada

vida urbana multifacetada

Uma característica comum da vida no espaço da cidade é a versatilidade e a complexidade das atividades, com muito mais sobreposições e mudanças frequentes entre caminhada intencional, parada, descanso, permanência e bate-papo. Aleatoriamente e sem planejamento, ações espontâneas constituem parte daquilo que torna a movimentação e a permanência no espaço da cidade tão fascinantes. Enquanto caminhamos para nosso destino, observamos pessoas e acontecimentos, somos inspirados a parar e olhar mais detidamente ou mesmo a parar e participar.

atividades necessárias – sob todas as condições

Um evidente padrão central emerge da grande diversidade de atividades no espaço urbano. Um modo simples de identificá-las é colocar as categorias mais importantes em uma escala, de acordo com seu grau de necessidade. Em uma ponta ficam as atividades obrigatoriamente necessárias, ou seja, atividades que as pessoas geralmente têm que fazer: ir trabalhar ou à escola; esperar o ônibus; trazer mercadorias para clientes. Estas atividades acontecem sob qualquer condição.

atividades opcionais – sob boas condições

Na outra extremidade dessa escala ficam as atividades opcionais, no mais das vezes recreativas, das quais as pessoas poderiam gostar: caminhar em um calçadão; , ficar em pé e dar uma boa olhada na cidade; sentar-se para apreciar a vista ou o tempo bom.

A maior parte das atividades urbanas mais atrativas e populares pertence ao grupo de atividades opcionais e por isso uma boa qualidade urbana é pré-requisito.

Se as condições externas, como uma tempestade, tornam impossível o caminhar e a recreação, quase nada acontece. Se as condições são toleráveis, cresce o rol das atividades necessárias. Se as condições para permanência ao ar livre forem boas, as pessoas se entregam a muitas atividades necessárias e também a um número crescente de opcionais. Os pedestres ficam tentados a parar para apreciar o tempo, os lugares e a vida na cidade, ou as pessoas saem de seus edifícios para ficarem no espaço urbano. Cadeiras são levadas para frente das casas, e as crianças saem à rua para brincar.

uma vida urbana versátil depende basicamente de convites

Com razão, o clima é mencionado como importante fator para o alcance e o caráter das atividades ao ar livre. Se estiver muito frio, muito quente ou muito úmido, as atividades ao ar livre são reduzidas ou tornam-se impossíveis.

Outro fator muito importante é a qualidade física do espaço urbano. Planejamento e projetos podem ser usados para influenciar o alcance e o caráter de nossas atividades ao ar livre. Convites para uma atividade ao ar livre que vá além de uma simples caminhada incluem proteção, segurança, um espaço razoável, mobiliário e qualidade visual.

Os estudos mencionados sobre a vida na cidade também documentam as grandes oportunidades para, de fato, convidar as pessoas não só para caminhar, mas também a participar de uma vida urbana versátil e variada.

vida urbana diversificada – como uma velha tradição e como política urbana contemporânea

As cidades e áreas urbanas criam o cenário para atividades específicas. Nas ruas mais centrais de Tóquio, Londres, Sydney e Nova York, as pessoas caminham: não há lugar para mais nada. Nas áreas de férias e de turismo, onde passar o tempo, consumir e alegrar-se são prioridades, as pessoas são convidadas a passear e permanecer por algum tempo. Em cidades tradicionais como Veneza, são estimuladas a uma vida urbana complexa e versátil onde há boas condições tanto para movimentação de pedestres quanto em espaços de permanência. Encontram-se padrões similares de atividades em Copenhague, Lyon, Melbourne entre outras cidades, grandes e pequenas que, nas últimas décadas, melhoraram expressivamente as condições para a vida nos espaços urbanos. Cresceu a circulação de pedestres e ampliou-se o número de atividades recreativas opcionais.

interação entre a vida na cidade e a qualidade do espaço urbano. Ex.: Nova York

Em Nova York, embora a circulação de pedestres tenha tradicionalmente dominado as ruas de Manhattan, em 2007 foi lançado um amplo programa para estimular maior versatilidade na vida urbana[20]. A ideia era permitir mais opções para recreação e lazer como complemento à ampla e obrigatória circulação de pedestres. Por exemplo, a ampliação de calçadas na Broadway criou espaço para

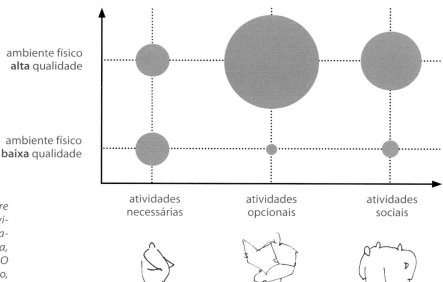

Representação gráfica da ligação entre qualidade de ambientes externos e atividades ao ar livre. Um aumento na qualidade do ambiente externo estimula, em especial, as atividades opcionais. O aumento no nível de atividade é, portanto, um convite a um substancial aumento das atividades sociais.

interação entre espaço da cidade e vida da cidade – exemplo Nova York

Em 2009, em Nova York, a Broadway foi fechada ao tráfego nas praças Times e Herald, obtendo-se com isso silêncio, dignidade e mais de 7000 m² de vida na cidade. O nível de atividade nos novos espaços foi impressionante desde o primeiro dia[21].

À esquerda: Times Square antes e logo depois da mudança.

mesinhas de cafés e locais de permanência; também na Madison Square, Herald Square e Times Square os automóveis foram retirados, criando várias áreas e oportunidades para permanência. Em todos esses casos, as novas oportunidades foram adotadas imediatamente. Quase diariamente, novos convites enriquecem a vida na cidade, tornando-a ainda mais multifacetada. Até mesmo em Nova York, há uma necessidade óbvia de espaço urbano e grande interesse em participar mais da vida da cidade agora que existem mais oportunidades e convites concretos.

atividades necessárias e opcionais como pré-requisito para atividades sociais

É, em si mesmo, uma conexão importante o fato de tanto o caráter quanto a gama da vida urbana serem dramaticamente influenciados pela qualidade do espaço público. A conexão torna-se ainda mais interessante se olharmos as relações entre as atividades necessárias, opcionais e o significativo grupo de atividades sociais. Se a vida na cidade é reforçada, criam-se as pré-condições para fortalecer todas as formas de atividade social no espaço urbano.

atividades sociais – a cidade como lugar de encontro

Atividades sociais exigem a presença de outras pessoas e incluem todas as formas de comunicação entre as pessoas no espaço público. Se há vida e atividade no espaço urbano, então também existem muitas trocas sociais. Se o espaço da cidade for desolado e vazio, nada acontece.

As atividades sociais incluem uma extensa gama de atividades diversas. Há muitos contatos passivos de ver e ouvir: observar as pessoas e o que está acontecendo. Essa modesta e despretensiosa forma de contato é a atividade social urbana mais difundida em qualquer lugar.

Há contatos mais ativos. As pessoas cumprimentam-se e conversam com os conhecidos. Há encontros casuais e bate-papos em mercados, bancos de praça e em todos os lugares onde as pessoas tenham que esperar algo. As pessoas fazem perguntas sobre localizações e rotas e trocam breves comentários sobre o tempo ou o horário do próximo ônibus. Às vezes, desses rápidos cumprimentos pode surgir um contato mais amplo. Novos assuntos e interesses comuns são discutidos. Novas amizades podem desabrochar. Imprevisibilidade e espontaneidade são palavras-chave. Entre os contatos mais amplos contam-se as brincadeiras infantis ou jovens que saem juntos e utilizam o espaço da cidade como ponto de encontro.

Por fim, há um grande grupo de atividades comuns mais ou menos planejadas: ida a mercados, festas de rua, encontros, desfiles e manifestações políticas.

muito para se ver e importantes informações

Como já mencionado, as atividades de ver e ouvir são as principais categorias de contato social. São também as formas de contato que mais podem ser influenciadas pelo planejamento urbano. Os convites basicamente determinam se os espaços da cidade têm a vitalidade que favorece o encontro entre as pessoas. A questão é importante porque esses contatos passivos – de ver e ouvir – funcionam como pano de fundo e como trampolim para as outras formas de contato. Através da observação, do ouvir e experienciar os outros, juntamos informações sobre as pessoas e a sociedade em torno de nós. É um princípio.

Experienciar a vida na cidade é também um entretenimento estimulante e divertido. As cenas mudam a cada minuto. Há muito a se ver: comportamentos, rostos, cores e sentimentos. E essas experiências estão relacionadas a um dos mais importantes temas da vida humana: as pessoas.

"o homem é a maior alegria do homem"

Essa declaração – "o homem é a maior alegria do homem" – vem de *Hávamál*, um poema épico islandês de mais de mil anos que, sucintamente, descreve o encanto e interesse humano por outras pessoas. Nada é mais importante ou fascinante[22].

Mesmo de seus berços, os bebês esforçam-se para ver o mais possível e mais tarde, engatinham pela casa toda para acompanhar o movimento. Crianças mais velhas trazem seus brinquedos até a sala ou a cozinha para ficarem onde a ação acontece. As brincadeiras externas acontecem não necessariamente nos *playgrounds* ou em áreas livres de automóveis, mas mais frequentemente nas ruas, estacionamentos ou em frente às portas de entrada, onde estão os adultos. Os jovens encontram-se perto das entradas ou nas esquinas para acompanhar – e talvez participar – dos acontecimentos.

Em todo o mundo, os frequentadores de cafés e bares de calçada voltam-se para a atração nº 1 da cidade: a vida na cidade (Estrasburgo, França).

"o homem é a maior alegria do homem"

24 cidades para pessoas

Garotas olham para garotos e vice-versa – durante toda a vida. Os mais velhos acompanham a vida e as atividades da vizinhança através de suas janelas, sacadas e bancos.

Por toda a vida, temos uma constante necessidade de novas informações sobre as pessoas, sobre a vida, à medida que ela acontece, e sobre a sociedade em torno de nós. Novas informações são conseguidas não importa onde as pessoas estejam e, portanto, em grande parte no espaço comum da cidade.

a maior atração da cidade: as pessoas

Estudos de cidades do mundo todo elucidam a importância da vida e da atividade como uma atração urbana. As pessoas reúnem-se onde as coisas acontecem e espontaneamente buscam outras pessoas.

Entre escolher caminhar por uma rua deserta ou uma rua movimentada, a maioria das pessoas escolheria a rua cheia de vida e atividade. A caminhada será mais interessante e segura. Estudos de ruas comerciais no centro de Copenhague mostram como acontecimentos, eventos e canteiros de obras, locais onde se pode observar as pessoas trabalharem, agirem, tocarem música ou construírem casas, atraem muito mais gente para permanecer e observar do que lojas ao longo das fachadas dos edifícios. Estudos de posicionamento de bancos e cadeiras no espaço da cidade mostram igualmente que assentos com a melhor visão da vida na cidade são usados com muito mais frequência do que aqueles que não oferecem a visão de outras pessoas[23].

A localização e o uso de cadeiras dos cafés contam uma história parecida. A mais importante atração em um café de calçada sempre é a calçada e, portanto, a visão da vida urbana; a maioria das cadeiras dos cafés é disposta para tal.

satisfação com a vida na cidade – em desenhos de perspectiva

Nada fala mais alto sobre a "vida entre edifícios" como um atrativo do que as perspectivas dos arquitetos. Não importa se a dimensão humana, nos projetos, é tratada com cuidado ou completamente negligenciada; os desenhos estão cheios de pessoas alegres e animadas. As pessoas ali retratadas emprestam aos projetos uma aura de felicidade e atratividade, enviando um sinal de que ali são encontradas boas qualidades humanas em abundância, seja esse o caso ou não. É evidente que as pessoas constituem a maior satisfação das pessoas – pelo menos nos desenhos!

a cidade como local de encontro – em uma perspectiva histórica

Ao longo da história, o espaço da cidade funcionou como ponto de encontro para os moradores, em vários níveis. As pessoas se encontravam, trocavam novidades, fechavam acordos, arranjavam casamentos – artistas de rua as entretinham, havia compra e venda de mercadorias. As pessoas compareciam aos grandes e pequenos eventos da cidade. Realizavam-se procissões, o poder se manifestava, festas e castigos eram publicamente realizados – tudo acontecia à vista do público. A cidade era o ponto de encontro.

sob pressão da invasão do automóvel e da ideologia modernista de planejamento

No século XX, o espaço da cidade continuou a funcionar como importante lugar de encontro social, até o triunfo dos ideais de planejamento do modernismo, o que coincidiu com a invasão dos automóveis. A discussão sobre a "morte e vida" nas cidades, desafiadoramente levantada, em 1961, pelo livro de Jane Jacobs, em grande parte lidava com a gradual perda de oportunidades dos espaços urbanos de funcionarem como pontos de encontro[24]. Ainda que a discussão tenha

a dimensão humana   25

continuado desde então, em muitos lugares a vida na cidade continuou a ser espremida para fora do espaço da cidade.

Ideologias dominantes de planejamento rejeitaram o espaço urbano e a vida na cidade como inoportunos e desnecessários. O planejamento dedicou-se intensamente ao ideal de desenvolver um cenário racional e simplificado para as atividades necessárias. O aumento do tráfego de automóveis tirou de cena a vida na cidade ou tornou completamente impossível os deslocamentos a pé. As funções comerciais e de serviços concentraram-se, principalmente, em grandes e fechados centros de compras.

as cidades negligenciadas – e a vida na cidade anulada!

Podemos ver os resultados dessas tendências em muitas cidades, em especial no sul dos Estados Unidos. Em muitos casos, as pessoas abandonaram as cidades e é praticamente impossível chegar aos vários equipamentos nelas presente sem carro. O pedestrianismo, a vida urbana e a cidade como local de encontro, todos foram anulados.

a cidade como ponto de encontro – no século XXI

O acesso à informação indireta e os contatos explodiram em anos recentes. A TV, a internet, o email, o celular possibilitam um amplo e fácil contato com pessoas do mundo todo. De tempos em tempos, surge a questão: a função de ponto de encontro do espaço da cidade pode ser assumida pelo conjunto de opções eletrônicas?

Nos últimos anos, o desenvolvimento da vida nas cidades sugere um quadro totalmente diferente. Aqui os contatos indiretos e o conjunto de imagens retratando o que as outras pessoas fazem em outros lugares não compete com a vida nos espaços públicos; ao contrário, estimula as pessoas a se juntarem e a desempenharem um papel ativo. As oportunidades para estar lá em pessoa, para encontros olho no olho, e o caráter de surpresa e imprevisibilidade das experiências são qualidades vinculadas ao espaço da cidade como local de encontro.

É interessante observar que nessas mesmas décadas, nas quais a vida na cidade sofreu um notável renascimento, os meios eletrônicos de contato foram introduzidos. Precisamos de ambos.

Cidades vazias, sem a presença de pessoas, são um fenômeno disseminado no sul dos Estados Unidos. A vida na cidade e os pedestres desistiram e tudo tem que ser feito de carro (Clarksdale, Mississippi).

Novas formas indiretas de comunicação estão presentes. Podem complementar, mas não substituir, encontros diretos entre as pessoas.

Muitas mudanças sociais, em especial nas partes mais ricas do mundo, explicam o interesse crescente em se locomover e permanecer nos espaços comuns da cidade. A maior longevidade, mais tempo livre e melhores condições econômicas, em geral, têm trazido mais tempo e mais recursos para recreação e lazer.

Até 2009, metade dos domicílios de Copenhague era habitada por apenas um morador[25]. A retração do número de moradores aumenta a necessidade de contatos sociais fora de casa. Como resultado das inúmeras mudanças na maneira em que a sociedade e a economia são organizadas, muitas pessoas agora vivem uma vida cada vez mais privada com residências particulares, carros particulares, equipamentos domésticos particulares e escritórios particulares. Com essa situação percebe-se um sólido aumento no interesse em reforçar os contatos com a sociedade civil em geral.

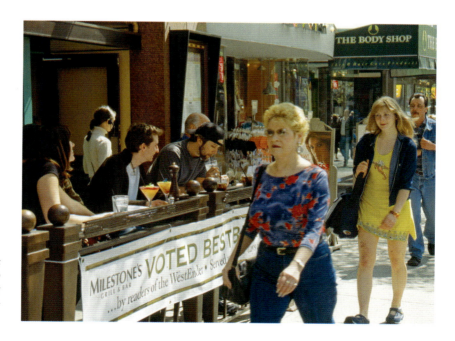

Caminhar na cidade estimula experiências diretas de todos os nossos sentidos, bem como oportunidades atrativas para troca de sorrisos e olhares. (Robson Street, Vancouver, Canadá).

a dimensão democrática

O espaço público tem um importante significado social como fórum para troca de ideias e opiniões.

cidade como local de encontro – do ponto de vista social

Essas novas oportunidades e necessidades explicam, em ampla medida, o dramático aumento no uso do espaço comum, evidente em todas as cidades que, nos últimos anos, vêm trabalhando para recuperar o estímulo a uma vida na cidade.

Em uma dimensão muito maior do que a das arenas comerciais particulares, o espaço público da cidade democraticamente gerido garante acesso e oportunidades de expressão de todos os grupos da sociedade e liberdade para atividades alternativas.

A gama de atividades e atores demonstra as oportunidades do espaço público de reforçar a sustentabilidade social. É significativo que todos os grupos sociais, independentemente da idade, renda, *status*, religião ou etnia, possam se encontrar nesses espaços, ao se deslocarem para suas atividades diárias. Essa é uma boa forma de fornecer informação geral para qualquer um sobre a composição e universalidade da sociedade. Além disso, faz com que as pessoas sintam-se mais seguras e confiantes quanto a experimentar os valores humanos comuns reproduzidos em diferentes contextos.

Jornais e TV representam o oposto dessa inequívoca oportunidade de as pessoas experimentarem em primeira mão a vida cotidiana da cidade. A informação dada por esses meios de comunicação concentra-se, sobretudo, em reportagens de acidentes e assaltos ou outras formas de agressão e apresenta um quadro distorcido do que realmente ocorre na sociedade. Medo e generalizações grosseiras abundam nesse tipo de atmosfera.

É interessante perceber como as estratégias de prevenção ao crime enfatizam o reforço dos espaços comuns para que o encontro entre vários grupos sociais seja parte rotineira da vida cotidiana. Pode-se pensar em proximidade, confiança e consideração mútua como estando em direta oposição a muros, portões e maior presença policial nas ruas.

a dimensão democrática

O interesse público determina as regras do jogo no espaço comum da cidade e assim ajuda a garantir às pessoas as oportunidades para o intercâmbio de mensagens pessoais, culturais e políticas.

A importância do espaço da cidade é destacada na Primeira Emenda à Constituição dos Estados Unidos, que estabelece para seus cidadãos a liberdade de expressão e o direito de reunir-se em assembleia. Essa importância também é sublinhada pelas frequentes proibições de reuniões públicas nos espaços da cidade por parte de regimes totalitários.

Como interface aberta e acessível entre as pessoas, o espaço urbano garante uma importante arena para grandes encontros, manifestações e protestos políticos, bem como para atividades mais modestas, por exemplo, coleta de assinaturas, distribuição de folhetos, realização de *happenings* ou protestos.

a cidade como lugar de encontro – pequenos eventos e grandes perspectivas

Sustentabilidade social, segurança, confiança, democracia e liberdade de expressão são conceitos-chave para descrever as perspectivas da sociedade vinculadas à cidade como local de encontro.

A vida no espaço da cidade é abrangente: de olhares momentâneos a eventos menores ou a grandes manifestações coletivas. Caminhar pelos espaços comuns da cidade pode ser um objetivo em si mesmo – mas também um começo.

cidades pelas pessoas e para as pessoas

Diferentemente do espaço urbano de Veneza, o espaço reconquistado em Copenhague, Melbourne e Nova York não representa um tradicional e nostálgico idílio. São cidades contemporâneas com economias sólidas, grandes populações e funções urbanas versáteis. O admirável é que elas refletem uma compreensão crescente de que as cidades precisam ser pensadas para enviar convites à circulação de pedestres e à vida na cidade. Elas reconhecem a importância dos pedestres e dos ciclistas para a sustentabilidade e saúde da sociedade, e reconhecem a importância da vida urbana como um ponto de encontro atrativo, informal e democrático para seus residentes no século XXI.

Depois de quase cinquenta anos de negligência com a dimensão humana, agora, no início do século XXI, temos necessidade urgente e vontade crescente de, mais uma vez, criar cidades para as pessoas.

2

Os Sentidos
e a Escala

sentidos, movimento e espaço

O cliente: um ser humano de orientação horizontal, frontal, linear, que anda no máximo a 5 km/h. (Laura, 1 ano de idade.)

Os elementos básicos da arquitetura da cidade são espaços de movimento e espaços de experiência. A rua reflete o padrão de movimento linear dos pés e a praça representa a área que o olhar pode abarcar (Cidade de Pedra de Zanzibar e Ascoli Piceno, Itália)

Essa pequena cidade está aninhada na baía como um sofá de canto numa sala. As costas estão protegidas e o cenário está numa escala humana. É um bom lugar para se estar – e também um bom lugar para uma cidade (Portofino, Itália).

2.1
Os sentidos e escala

um mamífero de orientação linear, frontal, horizontal caminhando a velocidades máximas de 5 km/h

O natural ponto de partida do trabalho de projetar cidades para pessoas é a mobilidade e os sentidos humanos, já que estes fornecem a base biológica das atividades, do comportamento e da comunicação no espaço urbano.

Os pedestres urbanos do século XXI resultam de milhões de anos de evolução. O Homem evoluiu para mover-se lentamente e a pé e o corpo humano tem orientação linear.

Embora nossos pés possam andar ou correr facilmente para frente, para trás ou para os lados eles se deslocam com grande dificuldade. Nossos sentidos também se desenvolveram de modo a permitir movimentos lentos em superfícies principalmente horizontais.

Nossos olhos, ouvidos e nariz voltam-se para frente para nos ajudar a perceber perigos e oportunidades na rota adiante. Os bastonetes e cones na camada fotorreceptora dos olhos organizam-se de modo correspondente ao nosso campo de experiência horizontal, terrestre.

Podemos ver claramente à frente, perifericamente para os lados, para baixo em certa extensão e muito pouco para cima. Nossos braços também apontam para frente e são bem posicionados para tocar algo ou afastar galhos em nosso caminho. Em suma, o *Homo sapiens* é um mamífero ereto de orientação horizontal, frontal e linear. Caminhos, ruas e bulevares são todos espaços para movimentação linear, projetados com base no sistema humano de locomoção.

Um dos momentos mais memoráveis da vida é quando uma criança fica de pé e começa a andar: a vida, agora, começa para valer.

Eis, então, nosso cliente, um pedestre com todos os seus atributos, potenciais e limitações. Trabalhar com a escala humana significa, basicamente, criar bons espaços urbanos para pedestres, levando em consideração as possibilidades e limitações ditadas pelo corpo humano.

distância e percepção

Em seus livros *The Silent Language* (1959) e *The Hidden Dimension* (1966), o antropólogo americano Edward T. Hall faz um excelente levantamento da história da evolução humana e uma introdução aos sentidos humanos, suas características e sua importância[1].

O desenvolvimento sensorial está intimamente ligado à história evolutiva e pode ser classificado simplesmente conforme os sentidos de "distância" – visão, audição e olfato – e os sentidos de "proximidade" – tato e paladar – relacionados à pele e músculos e, assim, à capacidade de sentir frio, calor e dor, bem como texturas e formas. No contato entre pessoas, os sentidos são ativados a distâncias muito díspares.

campo social de visão

Podemos ver pessoas a 100 metros de distância e se a distância for menor, podemos ver um pouco mais. Mas a experiência somente se torna interessante e emocionante a uma distância de menos de dez metros, e de preferência a distâncias ainda menores, quando podemos usar todos os nossos sentidos[2].

A visão é o mais desenvolvido de nossos sentidos. Primeiro registramos outro ser humano como uma forma tênue à distância. Dependendo do fundo e da luz, podemos reconhecer pessoas como seres humanos em vez de arbustos ou animais a uma distância de 300 a 500 metros.

Somente quando a distância diminuir para cerca de 100 metros podemos ver movimento e linguagem corporal em linhas gerais. Gênero e idade podem ser identificados conforme o pedestre se aproxima e normalmente reconhecemos uma pessoa à distância de 50 a 70 metros. A cor do cabelo e a linguagem corporal característica também podem ser percebidas a essa distância.

A uma distância de 22 a 25 metros, podemos ler corretamente expressões faciais e emoções dominantes. A pessoa está feliz, triste, emocionada ou brava? Conforme a pessoa se aproxima, mais detalhes tornam-se visíveis, e o campo de visão do observador se dirige para a parte superior do corpo, depois só para o rosto e finalmente somente para parte do rosto. Enquanto isso, a pessoa já está há tempos dentro do campo de audição. A 50-70 metros, podemos ouvir gritos de ajuda. A 35 metros, podemos usar a comunicação unilateral em voz alta, como a usada em púlpitos, palcos ou auditórios. A uma distância de 20 a 25 metros, podemos trocar mensagens curtas, mas uma conversa de verdade só é possível quando se está a menos de 7 metros um do outro. Quanto mais curta a distância, na faixa de 7 metros a meio metro, mais detalhada e articulada pode ser a conversa[3].

Os outros sentidos também podem entrar em jogo conforme a distância diminui: podemos perceber o suor ou perfume. Podemos sentir diferenças de temperatura na pele, um importante meio de comunicação. Rubores, olhares afetuosos e a raiva cega são trocados de perto. Afeto físico e toques também se limitam a essa esfera íntima.

campo social de visão

Podemos resumir essas observações sobre distância, sentidos e comunicação dizendo que muito pouco ocorre a distâncias de 100 a 25 metros, após o que a riqueza de detalhes e a comunicação se intensificam dramaticamente, metro a metro. Finalmente, entre 7 e 0 metros, todos os sentidos podem ser usados, todos os detalhes percebidos e os mais intensos sentimentos podem ser partilhados.

No contexto do planejamento urbano, onde a relação entre sentidos, comunicação e dimensões é um tema importante, falamos de campo social de visão. O limite desse campo é de 100 metros, quando podemos ver as pessoas em movimento.

Outro limiar significativo é o de 25 metros, quando podemos começar a decodificar emoções e expressões faciais. Não é de se surpreender que essas duas distâncias sejam a chave de muitas situações físicas em que o objetivo seja observar pessoas[4].

observação de eventos

Arenas construídas para eventos com espectadores, como concertos, desfiles e esportes envolvem novamente a distância dos 100 metros. Para jogos esportivos e competições atléticas, quando os espectadores precisam manter os olhos não somente na situação geral, mas também na bola, pessoas e movimentos, essa é aproximadamente a distância do meio de campo até os assentos mais distantes.

As arenas são projetadas para que os assentos fiquem acima do nível do campo. Dessa forma, os espectadores podem ver tudo um pouco de cima, o que normalmente não é um problema para esportes, onde os padrões gerais de atividade são parte da atração. Permite-se a venda de ingressos desde que os assentos fiquem mais ou menos dentro dessa faixa mágica, a distância na qual se pode ver pessoas em movimento.

Essa distância de 100 metros também implica um limite superior de lotação dos estádios. Mesmo as maiores arenas só podem acomodar um número limitado de espectadores, com um máximo de cerca de 100.000 assentos, como o estádio de futebol Camp Nou, em Barcelona (98. 772) ou o estádio Olímpico em Pequim (91.000).

O que temos aqui é um "alcance de visão" muito efetivo, de 100 metros, um limite biológico para o tamanho dessas instalações. Se o número de espectadores aumentar, o foco de sua visão deve ser ampliado. Em concertos de rock, a imagem e o som são ampliados em telões adaptados ao tamanho total da área do espaço dos espectadores. Em cinemas do tipo *drive-in*, os filmes são projetados

para ver eventos

A capacidade de ver pessoas a distâncias de até cem metros reflete-se nas dimensões de espaços de espectadores para esportes e outros eventos.

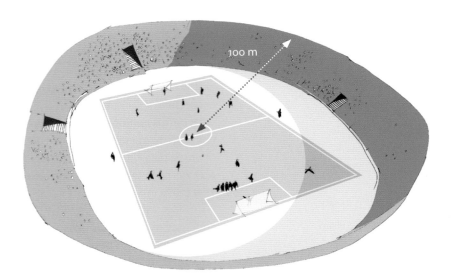

numa tela gigante, para que os espectadores possam seguir a ação, mesmo a certa distância.

experiência da emoção

O segundo limiar aparece em teatros e salas de ópera: trata-se do valor de 25 metros a partir do qual expressões faciais, canto bem articulado e conversas podem ser percebidas. Tanto no teatro como na ópera, o objetivo primário da comunicação é evocar emoções e estados de ânimo. Os rostos devem ser visíveis e deve ser possível ouvir variações de tom vocal.

Se observarmos casas de espetáculos em todo o mundo, entretanto, veremos que a distância crítica entre palco e os assentos mais distantes é de 35 e não 25 metros. O motivo dessa ampliação da distância com o espectador pode ser encontrado na linguagem corporal, maquiagem e projeção de voz dos atores. A maquiagem acentua e exacerba as expressões faciais, os movimentos corporais são habilmente enfatizados, a linguagem corporal torna-se "teatral" e a linguagem em si é modulada pela articulação e pelo exagero: o que se chama de "sussurro de palco" pode ser ouvido a 35 metros. Todos esses recursos dão aos espectadores de teatro uma sensação forte das emoções em jogo, mesmo quando o palco está a 35 metros de distância. Esse é o limite do que é possível.

Salas de espetáculo e teatros também ampliam a quantidade de assentos para cima e para os lados, buscando a capacidade máxima. Complementam os assentos da plateia, em frente ao placo, um, dois ou três balcões localizados acima do nível do palco, como é o caso também dos balcões laterais. Os mágicos 35 metros são o denominador comum que nos permite sentir e experimentar.

cada experiência tem seu preço

Um espaço pode acomodar certo número de espectadores, mas a qualidade da experiência varia dramaticamente e essa diferença se reflete de forma igualmente dramática nos preços dos ingressos. Os maiores preços correspondem aos assentos no meio da plateia, mais próximos ao palco, nas primeiras filas ou nas primeiras filas dos balcões. Desses assentos, o espectador pode ver o espetáculo de frente, de perto e de cima, e mais ou menos ao nível dos olhos. É aí que as experiências são mais fortes. Os assentos custam menos quanto mais para trás

experienciar emoções

Quando o foco central é a emoção e não o movimento, o número mágico é o de 35 metros. Empregado em salas de espetáculos do mundo todo, essa é a maior distância que permite à audiência perceber expressões faciais e ouvir fala e canções.

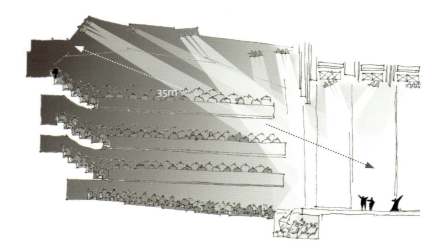

se localizam, porque a experiência é menos intensa, apesar de ainda ser frontal e ao nível da visão. Mais acima, mais longe e mais para os lados, a experiência se torna mais distante e a visão mais desconfortável, e os preços dos ingressos são proporcionalmente mais baixos. E, finalmente, há assentos ainda mais baratos nos balcões superiores e laterais. Na verdade, não se pode realmente ver o espetáculo desses assentos, apenas as perucas dos atores e sua movimentação. Em compensação, os detentores desses ingressos podem ouvir as falas e ter uma boa visão dos bastidores.

Os assentos dos teatros e os preços dos ingressos nos dizem algo importante sobre nosso equipamento sensorial e a comunicação humana. As palavras-chave para os assentos mais atraentes são: proximidade, posição frontal e no mesmo nível do palco. As palavras-chave para os assentos menos atraentes são: maior distância e visão lateral. A visão menos atraente, com certeza, é a de cima. Dessa perspectiva, o espectador tem uma visão ampla, mas não pode ver rostos ou emoções.

Nosso sentido da visão desenvolveu-se para que pudéssemos ver e compreender o que acontece no plano horizontal. Se virmos pessoas e eventos a partir de cima ou de baixo, é difícil perceber a informação essencial.

os sentidos e a escala 37

escala, sentidos e dimensões do espaço urbano

O campo de visão social de cerca de 100 metros também se reflete no tamanho da maior parte das praças de cidades antigas. A distância de 100 metros permite que os observadores fiquem em um canto e tenham uma visão geral do que acontece na praça. Ao caminhar alguns passos para dentro da praça, a 60-70 metros, já podem começar a reconhecer as pessoas e ver quem mais está lá.

Muitas praças antigas da Europa estão dentro dessa faixa de dimensão. As praças raramente têm mais de 10.000 m², sendo que a maioria tem entre 6.000 a 8.000 m², e muitas são bem menores. Se observarmos as dimensões, veremos que são raras as distâncias maiores que 100 metros, e as distâncias mais comuns vão de 80 a 90 m². A largura varia desde praças geometricamente quadradas até aquelas que têm o mais comum formato retangular, e uma medida típica pode ser 100 x 70 metros. Numa praça desse tamanho, é possível observar todas as atividades. Ao se atravessar a praça, pode-se ver a maioria dos rostos dentro de 25 metros, o que permite perceber expressões e detalhes faciais. As dimensões do espaço oferecem o melhor de dois mundos: visão geral e detalhes.

Na cidade toscana de Siena, a praça principal, Piazza del Campo, é um espaço grande. É mais longa do lado da Prefeitura, 135 metros, e tem 90 metros na outra dimensão. Uma fila de balizadores ao longo do perímetro interno da praça cria um novo espaço, com aproximadamente os 100 metros mágicos da distância da experiência. O meio da praça, afundado como uma bacia, garante uma visão perfeita e espaço para atividades. O Campo de Siena demonstra que grandes áreas também podem ter uma dimensão humana, desde que cuidadosamente projetadas.

a praça – o espaço para permanência e para atividade em proporção à capacidade do olhar

Ao passo que, na seção anterior, descrevemos caminhos e ruas como espaços para movimentação cuja forma está diretamente relacionada com o movimento linear dos pés, as praças e largos, em sua forma espacial, podem igualmente estar relacionados ao olhar e a sua potencial percepção de eventos dentro de um raio de 100 metros. Enquanto a rua sinaliza movimento – "por favor, siga em frente"–, psicologicamente a praça sinaliza a permanência. Enquanto o espaço de movimento diz "vá, vá, vá", a praça diz "pare e veja o que acontece aqui". Pés e olhos deixaram uma marca indelével na história do planejamento urbano. Os componentes básicos da arquitetura urbana são o espaço de movimento, a rua, e o espaço de experiência, a praça.

o aparelho sensorial horizontal

Já mencionamos que o preço dos ingressos de teatro cai dramaticamente quando o espetáculo não pode ser visto ao nível dos olhos – sendo a visão menos disputada aquela do balcão mais alto. A explicação está no aparelho sensorial humano, desenvolvido horizontalmente. Conforme o homem evoluiu, a visão, os outros sentidos e o corpo adaptaram-se a uma situação na qual seus proprietários movem-se linear e horizontalmente ao ritmo do caminhar. No início de nossa história, era importante que os caminhantes pudessem detectar perigos e inimigos escondidos no caminho, e detectar espinhos e escorpiões no trajeto à sua frente. Também era crucial poder ficar de olho no que acontecesse nas laterais do caminho.

O olho pode ver de forma mais clara e precisa e a uma distância maior quando voltado diretamente à frente. Além disso, cones e bastonetes na camada fotorreceptora dos olhos estão organizados, principalmente, de forma horizontal,

aparato sensorial horizontal

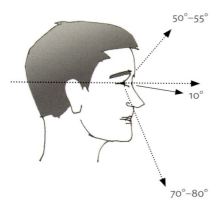

Nosso sentido da visão desenvolveu-se de forma a nos permitir caminhar no plano horizontal. Não vemos muito para cima e apenas um pouco mais se olharmos para baixo, o suficiente para evitar obstáculos em nosso caminho. Além disso, normalmente inclinamos a cabeça para baixo em dez graus quando andamos[5].

Edifícios baixos estão de acordo com o aparelho sensorial horizontal humano, mas os edifícios altos não (Bo 01 e Turning Torso, Malmø, Suécia).

A localização de verduras e legumes na frente da loja diz muito sobre o nosso campo de visão.

permitindo ver movimentos na lateral do campo de visão, perpendicular à direção da caminhada.

Entretanto, nossa visão para baixo e para cima desenvolveu-se de forma diferente. Para baixo, onde é importante ver onde pisamos, podemos ver de 70 a 80 graus abaixo da linha do horizonte. Para cima, onde nas fases posteriores de nossa história evolutiva encontramos poucos inimigos com que nos preocupar, o ângulo de visão é limitado a 50-55 graus acima do horizonte.

Além disso, podemos mover nossa cabeça de um lado para outro para observar algo que acontece à beira do caminho. Também é fácil inclinar a cabeça para baixo, e de fato nossa cabeça já se inclina cerca de 10 graus para baixo durante uma caminhada normal, para melhor avaliar a situação no caminho. Já levantar a cabeça é bem mais difícil[6].

Nossos sentidos e nosso aparelho locomotor dão uma imagem clara de um pedestre extremamente alerta que olha para cima e para baixo, mas tem um campo de visão limitado para cima. Por isso, sempre foi uma boa ideia se

os sentidos e a escala   39

sentidos e prédios altos

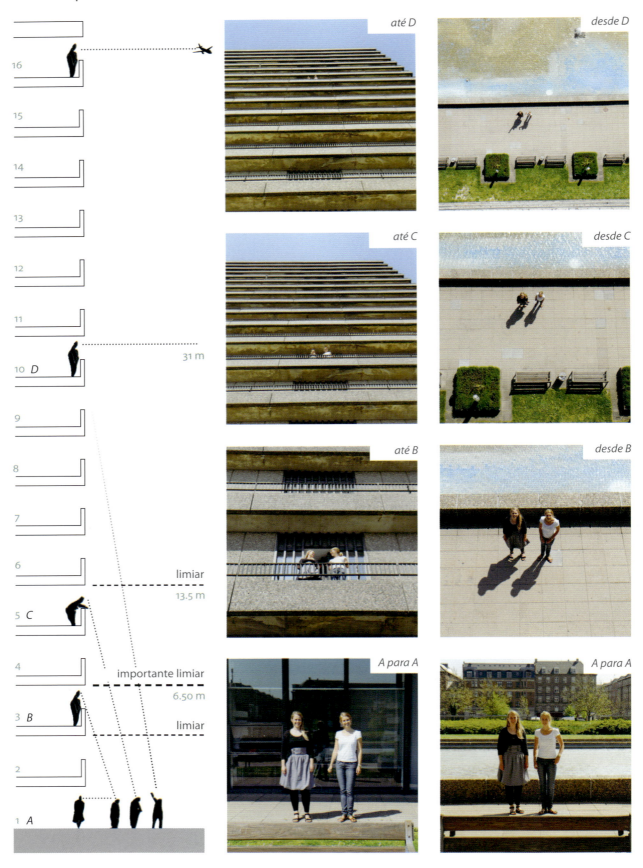

40 cidades para pessoas

Esquerda: o contato entre os edifícios e a rua é possível nos primeiros cinco andares. O contato com a cidade rapidamente se dissipa a partir do quinto andar, com a interface de contato passando para vistas, nuvens e aviões.

esconder nas árvores. Olhar para baixo é bem mais simples, mas olhar para cima é outra história: precisamos, literalmente, "esticar o pescoço".

Todo esse relato sobre o aparelho sensorial horizontal é a chave para entender como experimentamos o espaço, por exemplo, qual parte dos edifícios os pedestres experimentam ao andar pelas ruas. Naturalmente isso também gera impacto na percepção de edifícios altos e baixos das cidades. Em geral, os andares mais altos dos edifícios da paisagem urbana podem ser vistos somente à distância e nunca de perto.

Eventos que ocorrem no espaço urbano ou nas portas e janelas dos andares térreos podem ser vistos à distância de até 100 metros. Nessas situações, também podemos nos aproximar e usar todos os nossos sentidos. Da rua, temos dificuldade para perceber eventos que ocorrem nos andares mais altos. Quanto mais alto, maior a dificuldade de enxergar. Temos de recuar cada vez mais para ver, as distâncias se tornam cada vez maiores e o que vemos e percebemos diminui. Gritos e gestos não ajudam muito. De fato, a conexão entre o plano das ruas e os edifícios altos efetivamente se perde depois do quinto andar[7].

Nosso campo horizontal de visão implica que ao andarmos ao longo de fachadas de edifícios, somente os andares térreos nos trazem interesse e intensidade. Se as fachadas dos térreos forem ricas em variações e detalhes, nossas caminhadas urbanas serão igualmente ricas em experiências (rua em Gamla Stan, Estocolmo, Suécia, e andares térreos em Dublin, Irlanda).

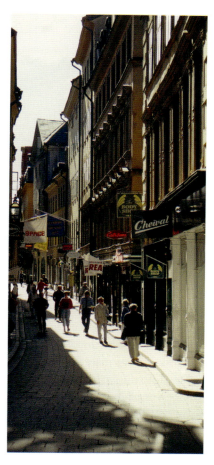

os sentidos e a escala

tempo para olhar

Ao andarmos, temos tempo para ver rostos e detalhes (Piazza Navona, Roma, Itália). É possível ainda ver uma grande quantidade de detalhes quando andamos de bicicleta (18 km/h) ou corremos (12 km/h).

Da mesma forma, a comunicação entre edifícios altos e seus arredores é excelente a partir dos dois andares inferiores e possível a partir dos terceiro, quarto e quinto andares. Podemos, então, ver e acompanhar a vida da cidade; podemos perceber a fala, gritos e movimentos de braços. Estamos realmente participando da vida na cidade. Acima do quinto andar, a situação muda drasticamente. Os detalhes não podem mais ser vistos, as pessoas no nível do solo não podem ser reconhecidas nem contatadas. Pela lógica, escritórios e residências acima do quinto andar deveriam pertencer ao âmbito das autoridades de tráfego aéreo. Pelo menos, não pertencem mais à cidade.

percepção e velocidade – uma criatura que vive a 5 km/h também pode fazê-lo a 15 km/h

Nosso aparelho locomotor e nossos sistemas de interpretação de impressões sensoriais estão adaptados para caminhar. Quando andamos na nossa velocidade normal de 4 a 5 km/h, temos tempo para ver o que ocorre à nossa frente e onde colocamos nossos pés. Se encontrarmos outras pessoas, podemos vê-las à distância de 100 metros. Leva entre 60 a 70 segundos até nos encontrarmos face a face. Dentro desse tempo, nosso volume de informação percebida vai aumentando, há tempo para avaliar e responder à situação.

Quando corremos a 10-12 km/h, ainda podemos perceber e processar impressões sensoriais e assim obter um nível aceitável de controle sobre a situação, desde que a estrada seja plana e os arredores razoavelmente fáceis de apreender. É interessante observar que a experiência da corrida corresponde, em geral, a andar de bicicleta numa velocidade comum de 15-20 km/h. Como ciclistas, temos um bom contato sensorial com nossos arredores e outras pessoas[8].

Se a estrada estiver cheia de obstáculos ou se o ambiente geral for muito complexo, nossa velocidade de corrida ou de bicicleta cai, porque, caso contrário, não teríamos tempo de ver, entender e reagir. Temos que diminuir a velocidade até 5 km/h para entender o ambiente geral assim como os detalhes.

Acidentes rodoviários são um bom exemplo do quão importante é a baixa velocidade para dar tempo suficiente de ver o que aconteceu: os motoristas de ambos os lados da pista freiam e passam quase à velocidade de marcha para poder olhar. Outro exemplo muito menos macabro é o palestrante que mostra seus *slides* depressa demais, até que os espectadores peçam mais tempo para olhar cada um.

escala humana — e a escala do carro

Quando em velocidades mais altas do que a de marcha ou a de corrida, nossas chances de ver e entender o que vemos caem bastante. Nas velhas cidades onde o tráfego se baseia no ritmo do caminhar, espaço e edifícios foram projetados naturalmente para a escala dos 5 km/h. Os pedestres não ocupam muito espaço e podem facilmente manobrar em um ambiente estreito. Eles têm tempo e disponibilidade para estudar os edifícios de perto, assim como observar montanhas à distância. Podem interagir com outras pessoas tanto à distância como bem de perto.

Arquitetura para 5 km/h por hora e arquitetura para 60 km/h.

os sentidos e a escala   43

arquitetura a 5 km/h – arquitetura a 60 km/h

5 km/h

60 km/h

5 km/h

60 km/h

A escala de 5 km/h tem espaços pequenos, placas pequenas, muitos detalhes e pessoas próximas. A escala de 60 km/h tem espaços amplos, grandes placas e nenhum detalhe. Nessa velocidade, não é possível ver nem detalhes nem pessoas.

A arquitetura de 5 km/h baseia-se numa cornucópia de impressões sensoriais, os espaços são pequenos, os edifícios mais próximos e a combinação de detalhes, rostos e atividades contribui para uma experiência sensorial rica e intensa.

Ao dirigirmos um carro a 50, 80 ou 100 km/h, perdemos a oportunidade de observar detalhes e pessoas. A tais velocidades, os espaços precisam ser grandes e facilmente gerenciáveis, e todos os sinais têm que ser simplificados e ampliados, para que motoristas e passageiros absorvam a informação.

A escala dos 60 km/h tem amplos espaços e vias largas. Os prédios são vistos à distância e somente traços gerais podem ser percebidos. Detalhes e experiências sensoriais multifacetadas desaparecem e, da perspectiva do pedestre, todos os sinais são grotescamente ampliados.

Um passeio numa arquitetura feita para 60 km/h é uma experiência sensorial empobrecedora: desinteressante e cansativa.

arquitetura a 5 km/h – arquitetura a 100 km/h

Veneza é uma cidade de 5 km/h com pequenos espaços, placas elegantes, belos detalhes e muitas pessoas. É uma cidade que oferece uma riqueza de experiências e impressões sensoriais.

Dubai é basicamente uma cidade para 100 km/h: amplos espaços, grandes placas, grandes edifícios e um alto nível de ruído.

os sentidos e a escala   45

distâncias curtas/impressões fortes – distâncias longas/muitas impressões

0 – 45 cm:
distância íntima

45 –120 cm:
distância pessoal

1, 2 – 3, 7 m:
distância social

Acima de 3, 7m:
distância pública

2.2 Os sentidos e a comunicação

longas distâncias: muitas impressões;
curtas distâncias: fortes impressões

Em grandes distâncias, recolhemos grande quantidade de informações, mas das distâncias curtas recebemos impressões sensoriais muito intensas e emocionalmente significativas. O que é comum aos sentidos que operam a curtas distâncias – olfato e tato e também a capacidade de reconhecer sinais de temperatura – é que eles estão mais proximamente ligados às nossas emoções.

Na comunicação entre pessoas há poucas alterações na faixa de 10 a 100 metros, enquanto em curtas distâncias, a natureza do contato muda dramaticamente, quase que centímetro a centímetro. Uma comunicação calorosa, pessoal e intensa ocorre a distâncias bem curtas[9].

quatro distâncias de comunicação

Diferentes formas de comunicação ocorrem em diferentes distâncias, que variam constantemente, dependendo do indivíduo e da natureza do contato. Estudos sobre distâncias de comunicação identificaram quatro importantes limiares. Edward T. Hall, por exemplo, descreveu, em *The Hidden Dimension*, quatro diferentes distâncias de comunicação que podem ser definidas, principalmente, através de mudanças nos níveis da voz[10].

A distância íntima – 0 a 45 cm – é a distância na qual se pode partilhar fortes emoções. Essa é a distância do amor, da ternura e do consolo, assim como a distância para comunicar raiva e ira. Nessa distância, os sentidos que mais se aproximam dos sentimentos, tato e olfato, entram em ação. Podemos abraçar, acariciar e tocar. O contato é próximo, caloroso, intenso e emocionalmente carregado.

Distância pessoal – 45 cm a 1,20 m – é a distância de contato entre amigos próximos e familiares. É aqui que ocorrem conversas sobre assuntos importantes. Podemos ilustrar a distância pessoal por uma família reunida em torno de uma mesa, às refeições.

Distância social – 1,20 a 3,70 m – descreve as distâncias nas quais se pode partilhar conversas sobre trabalho, lembranças de viagens e outros tipos de informações comuns. Uma sala de estar em torno de uma mesinha central é uma boa expressão física desse tipo de conversa.

A distância pública – mais de 3,70 m – descreve a distância do contato mais formal e da comunicação unilateral. Essa é a distância entre professores e alunos, pastores e congregação, e a distância que escolhemos para ver ou ouvir um artista de rua, mas queremos mostrar que não somos parte do evento.

Quando os espectadores querem ficar a uma distância confortável de artistas de rua, o resultado é um círculo com um bom espaço no meio. (Centro Pompidou, Paris, França).

os sentidos e a escala 47

a um braço de distância

Assim como os pássaros, também as pessoas querem manter distância entre os indivíduos. Um exemplo de nossa preferência por manter a distância de um braço é a forma como nos colocamos numa fila para ônibus (Amã, Jordânia; Chiba, Japão e Montreal, Canadá)

distância e comunicação

Onde houver comunicação direta entre pessoas, percebe-se o uso constante do espaço e da distância. Nós nos aproximamos, nos inclinamos para frente, ou nos afastamos discretamente. A distância física, assim como o calor e o toque, são parâmetros importantes.

A importância do movimento, da distância e da temperatura reflete-se, da mesma forma, na linguagem. Falamos em "chegar perto", "ir embora", "cair de amores" e "se distanciar" de uma situação. Falamos de amizades "próximas", de "desencontros" e parentes "distantes".

Existem sentimentos calorosos, discussões acaloradas e encontros candentes. Por outro lado, podemos enviar olhares frios, dar uma "gelada" e desprezar atenções indesejadas com frieza.

Podemos usar essas regras comuns de comunicação em todas as situações da vida. Elas nos auxiliam a iniciar, desenvolver, controlar e terminar relações com pessoas que conhecemos ou não, e nos ajudam a demonstrar quando queremos ou não ter contato.

A existência desse tipo de regras básicas de comunicação é importante para que as pessoas possam se movimentar com segurança entre estranhos num espaço público.

a um braço de distância

Ao contrário de outras espécies, o homem é um indivíduo de "não-me-toques". A distância íntima é a zona para partilhar impressões emocionais fortes, uma zona onde a presença de outros só é aceita após convite especial. O indivíduo protege essa zona, que pode ser descrita como uma bolha pessoal, invisível. Todo o resto é mantido, literalmente, a um braço de distância.

O princípio da distância do braço – ou, pelo menos, fora de alcance – pode ser vista em todos os contextos: na praia, nos parques, em bancos, à espera por alguém ou algo na cidade ou na fila do ônibus. Sempre que fisicamente possível, o indivíduo busca manter uma distância curta, porém vital, que mantém a situação segura e confortável.

Quando estamos tentando entrar num ônibus ou elevador, compensamos o possível contato físico enrijecendo os músculos e evitando olhar diretamente para outras pessoas. No elevador, mantemos os braços retos ao nosso lado e os olhos grudados no painel luminoso que indica o andar. Começar uma conversa num elevador é quase impossível, já que não há espaço para a "fuga".

A comunicação entre pessoas exige um espaço razoável. Precisamos ser capazes de regular, desenvolver e encerrar os eventos. Se estivermos sentados à mesa de jantar ou em torno de uma mesinha de centro, podemos nos inclinar para frente ou para trás e assim regular nossa distância aos poucos. Em ruas e praças,

Abaixo: Uma linha pintada no chão serve para indicar a distância pública adequada para turistas perto da guarita (castelo real, Estocolmo, Suécia).

À direita: A escolha dos assentos mostra o respeito pelo espaço pessoal. (Washington Square Park, Nova York).

os sentidos e a escala   49

a escala fragmentada

Confusão de escalas em Veneza. Ao mesmo tempo que a tecnologia moderna nos permite construir o grande, atrapalha a compreensão da escala humana (navio de cruzeiro visto da Via Garibaldi, Veneza, Itália).

Mudança de escala no rio Cingapura. Os prédios de quatro a cinco andares encontram-se com novos arranha-céus. É fácil imaginar que foram criados por seres de espécies diferentes. Não surpreende que quase toda a atividade ao ar livre junto ao rio ocorra próximo aos edifícios baixos.

O número de carros em movimento e estacionados contribuiu para a confusão de conceitos sobre relações de escala nas cidades.

2. 3
A escala fragmentada

grande demais, alto demais, rápido demais

As cidades tradicionais, orgânicas, cresceram baseadas em atividades cotidianas, ao longo do tempo. Viajava-se a pé e as técnicas de construção se baseavam na experiência de gerações. Daí resultaram cidades em uma escala adaptada aos sentidos e ao potencial dos seres humanos.

As decisões de planejamento urbano de hoje são feitas numa prancheta e perde-se pouco tempo entre a decisão e a realização. A velocidade das novas formas de transporte e a escala maciça dos projetos dos edifícios impõe novos desafios. O conhecimento tradicional de escala e das proporções foi gradualmente perdido, resultando em novas áreas urbanas construídas, frequentemente, numa escala muito distante daquilo que se percebe como significativo e confortável.

Se quisermos estimular o tráfego de pedestres e de bicicletas e realizar o sonho de cidades vivas, seguras, sustentáveis e saudáveis, precisamos começar pelo perfeito conhecimento da escala humana. Compreender a escala do corpo humano é importante se quisermos trabalhar de forma objetiva e adequada com ela, assim como abordar a interação entre a escala do pequeno e do lento e outras escalas também em funcionamento.

os carros e a escala fragmentada

A introdução de carros e do tráfego de veículos foi decisiva para o surgimento da confusão entre escalas e dimensões nas cidades. Os carros, em si, ocupam muito espaço. Ônibus e caminhões são todos enormes, e mesmo um pequeno carro compacto europeu parece dramaticamente grande num espaço criado para o corpo humano. Os carros ocupam muito espaço quando se deslocam e muito espaço quando estacionados. Um estacionamento para vinte ou trinta carros ocupa o mesmo espaço que uma boa praça urbana. Quando a velocidade nas áreas urbanas aumenta de 5 para 60 ou 100 km/h, toda a dimensão espacial aumenta dramaticamente e as imagens e visões da paisagem urbana também se transformam.

Automóveis e o tráfego de veículos já são um problema urgente de planejamento urbano há mais de 50 anos. Ao mesmo tempo, o senso de proporção e de escala foi sendo cada vez mais moldado pelo carro. Raramente, é demonstrada a capacidade de trabalhar objetivamente com as relações entre a escala humana e a escala do carro como duas disciplinas distintas, já que o problema do carro confundiu muito o entendimento da escala.

ideologias de planejamento e a escala fragmentada

Paralelamente ao desenvolvimento do tráfego de veículos e da tecnologia construtiva, as ideologias de planejamento seguiram o exemplo, introduzindo

Mesmo um carro pequeno parece grande em uma cidade medieval e o ônibus escolar preenche toda a rua (Santiago Atitlán, Guatemala).

grandes distâncias, edifícios altos e a arquitetura rápida. A rejeição modernista das ruas e da cidade tradicional nos anos de 1920 e 1930, e a introdução de ideais funcionalistas de residências higiênicas e bem iluminadas resultou em visões de cidades altas, espalhadas entre vias expressas. Caminhar, andar de bicicleta e encontrar outras pessoas em espaços urbanos comuns não entrava nessas visões que, nas décadas seguintes, tiveram um impacto imenso no novo desenvolvimento urbano em todo o mundo.

Se tivesse sido pedido a esses planejadores que projetassem cidades que dificultassem a vida e desencorajassem as pessoas de ficar ao ar livre, dificilmente teríamos casos mais exemplares do que o de todas as cidades criadas no século XX sobre essa base ideológica.

prédios enormes, pensar grande, grande escala

Gradualmente, o desenvolvimento da sociedade, da economia e da tecnologia construtiva resultou em áreas urbanas e edifícios autossuficientes numa escala sem precedentes. O aumento da riqueza criou maior necessidade de espaço para todas as funções. Fábricas, escritórios, lojas e habitação: todas as unidades cresceram. Estruturas construtivas e comissões também cresceram e o ritmo da construção é mais rápido. A tecnologia construtiva seguiu o mesmo ritmo, com métodos de produção racional que permitem a construção de novos edifícios mais altos, mais largos e mais longos. Enquanto as cidades do passado foram construídas pelo acréscimo de novas edificações ao longo de espaços públicos, as novas áreas urbanas de hoje são, com muita frequência, agrupamentos de edifícios espetaculares isolados, e aleatórios, entre estacionamentos e grandes vias.

No mesmo período, os ideais arquitetônicos afastaram seu foco das edificações cuidadosamente detalhadas, construídas em um contexto urbano, e se voltaram para grandiosas obras individuais, com uma linguagem elaborada de projeto, construídos para serem vistos rapidamente a grandes distâncias. As visões e o pensamento são grandes, assim como a escala.

Há boas explicações financeiras, tecnológicas e ideológicas para as cidades modernas terem a aparência que têm e para os urbanistas e arquitetos em geral estarem tão confusos e sem prática de trabalhar na escala humana.

construir com respeito pela escala humana

Nesse contexto, é interessante observar que por todo esse período existiram urbanistas e arquitetos que souberam como combinar esses novos desafios com o respeito pela escala humana. Durante toda sua vida profissional, o arquiteto anglo-sueco Ralph Erskine (1914-2005) demonstrou formas de respeitar a escala humana em novas construções, como o complexo Byker em Newcastle, de 1969-1983.

O complexo Bo 01 em Malmø, Suécia (2001), o bairro Aker Brygge em Oslo, Noruega (1986-2006) e as residências na nova área urbana de Vauban em Freiburg, Alemanha (1986-2006) são outros exemplos de novos bairros projetados com preocupação pela escala humana.

Outra categoria de construções onde a preocupação com a escala humana quase sempre está em evidência é nos centros de compra, parques de diversão, restaurantes e hotéis litorâneos, onde o pré-requisito essencial para o sucesso financeiro é o bem-estar das pessoas. Esses exemplos mostram que é possível trabalhar conscientemente com a escala humana em várias combinações com as exigências de outras escalas.

O projeto do arquiteto Ralph Erskine para esse complexo residencial reflete seu domínio tanto da grande escala como da menor (Byker, Newcastle, Inglaterra).

O desafio é que os princípios da boa escala humana devem ser uma parte natural do tecido urbano, para convidar as pessoas a caminhar e pedalar. No

os sentidos e a escala 57

A falta de entendimento e respeito pela escala humana afeta a maioria das novas cidades e áreas construídas. Edifícios e espaços urbanos ficam cada vez maiores, mas as pessoas, que deveriam usá-los, permanecem iguais – pequenas (La Defense, Paris; Eurolille, Lille, França; e Brasília, Brasil).

Quando é crucial deixar clientes e visitantes à vontade, realiza-se qualquer esforço para manter as dimensões e o projeto dos espaços externos em harmonia com a escala humana (resort na região do Mar Morto, na Jordânia e "The Cappucino Strip", Freemantle, Austrália).

futuro, por vários motivos, teremos que construir muitos complexos e construções de grandes dimensões e muitos andares. Mas nunca podemos esquecer a escala humana.

O corpo humano, seus sentidos e mobilidade são a chave do bom planejamento urbano para todos. Todas as respostas estão aí, encapsuladas em nosso corpo. O desafio é construir cidades esplêndidas ao nível dos olhos, com grandes edifícios erguendo-se acima de belos andares inferiores.

"na dúvida, tire alguns metros"

Ao se defrontar com a tentação concreta de desenhar espaços grandes demais para pouquíssimas pessoas e a tentação de acrescentar alguns metros aos espaços entre os edifícios, "só para garantir", o conselho em quase todos os casos é reduzir o tamanho, seguindo o ditado: "Na dúvida, tire alguns metros".

os sentidos e a escala 59

3

A Cidade Viva, Segura, Sustentável e Saudável

a cidade viva – um conceito relativo

A vida no espaço urbano tem um forte impacto na forma como percebemos o espaço. Uma rua sem vida é como um teatro vazio: algo deve estar errado com a produção, já que não há plateia.

A vida na cidade é um conceito relativo. Não é o número de pessoas que importa, mas a sensação de que o lugar é habitado e está sendo usado (ruas no Brasil e na Holanda, e em Flushing, Nova York).

3. 1
A cidade viva

A vida na cidade como processo

a cidade viva – e a cidade sem vida

Conquanto a cidade viva e convidativa seja um objetivo em si mesma, ela é também o ponto de partida para um planejamento urbano holístico, envolvendo as qualidades essenciais que tornam uma cidade segura, sustentável e saudável.

Quando os urbanistas ambicionam mais do que simplesmente garantir que as pessoas caminhem e pedalem nas cidades, o foco se amplia de simplesmente proporcionar espaço suficiente para circulação, para o desafio, muito mais importante, de possibilitar que as pessoas tenham contato direto com a sociedade em torno delas. Por sua vez, isso significa que o espaço público deve ser vivo, utilizado por muitos e diferentes grupos de pessoas.

Nada produz um discurso mais tocante em relação às qualidades funcionais e emocionais da vida e da atividade no espaço comum da cidade do que o seu oposto: a cidade sem vida.

A cidade viva emite sinais amistosos e acolhedores com a promessa de interação social. Por si só, a simples presença de outras pessoas sinaliza quais lugares valem a pena. Um teatro lotado e um teatro quase vazio enviam duas mensagens completamente diferentes. Um assinala a expectativa de uma agradável experiência comum. O outro, que algo está errado.

A cidade viva e a sem vida também emitem sinais completamente diferentes. Desenhos de arquitetura em perspectiva, que sempre mostram grupos de pessoas felizes entre os edifícios, independentemente das qualidades reais dos projetos representados, também nos falam que a vida nos espaços públicos é uma atração-chave urbana.

a cidade viva – um conceito relativo

Tendo em mente a multidão feliz nos desenhos de arquitetura, cabe esclarecer que a experiência da vitalidade na cidade não se limita à quantidade. A cidade viva é um conceito relativo. Poucas pessoas em uma rua estreita de uma cidadezinha podem, com facilidade, apresentar uma imagem viva, animada. O que importa não são números, multidões ou o tamanho da cidade, e sim a sensação de que o espaço da cidade é convidativo e popular; isso cria um espaço com significado.

A cidade viva também precisa de uma vida urbana variada e complexa, onde as atividades sociais e de lazer estejam combinadas, deixando espaço para a necessária circulação de pedestres e tráfego, bem como oportunidades para

a cidade viva, segura, sustentável e saudável   63

a vida na cidade – um processo de autorreforço

Nada acontece porque nada acontece porque nada...
(Tuborg Havn, Copenhague).

A vida na cidade é um processo de autoalimentação, de autorreforço. Algo acontece porque algo acontece porque algo acontece. Após iniciada, uma brincadeira de criança pode, rapidamente, atrair mais participantes. Processos similares ocorrem com atividades de adultos. As pessoas vão aonde o povo está.

participação na vida urbana. Calçadas abarrotadas, com multidões se acotovelando para abrir caminho, nunca indicam boas condições para a vida da cidade. Enquanto essa discussão sobre a cidade viva se desenrola em torno de quantidade na forma de um significativo número mínimo de participantes, a qualidade é igualmente importante preocupação e destaca a necessidade de um convite multifacetado.

a vida na cidade – um processo de autorreforço

Cidades convidativas devem ter um espaço público cuidadosamente projetado para sustentar os processos que reforçam a vida urbana. Uma condição básica é que a vida na cidade seja potencialmente um processo de autorreforço.

"As pessoas vão aonde o povo está" diz um provérbio comum na Escandinávia. Naturalmente, as pessoas se inspiram e são atraídas pela atividade e presença de outras pessoas. Das janelas, as crianças veem outras crianças brincando e correm para juntar-se a elas.

um mais um rapidamente torna-se mais que três

Junto com bons hábitos e rotinas diárias, um bom espaço e uma massa crítica são pré-requisitos para processos que permitam o florescimento de pequenos eventos. Uma vez iniciado o processo, o que ocorre é uma espiral positiva, na qual um mais um pode rapidamente transformar-se em três.

Algo acontece porque algo acontece porque…

Vemos exatamente o contrário em muitas áreas com muito vento e espaços urbanos mal definidos, com algumas pessoas dispersas em uma grande área e poucas crianças "na vizinhança". Sob tais circunstâncias, as pessoas não têm o hábito de se arriscar a sair porque os processos positivos nunca conquistaram um espaço.

Nada acontece porque nada acontece porque…

concentrar ou espalhar pessoas e acontecimentos

Com eventos e pessoas em pequeno número e distantes entre si em muitas áreas urbanas modernas, há menos pessoas e atividades para preencher o espaço da cidade. O potencial da vida da cidade, como processo de autorreforço, destaca a importância de um cuidadoso planejamento urbano que concentra e inspira a vida nas novas áreas urbanas.

O planejamento de eventos e festas nos familiarizou com o princípio de concentrar atividades a fim de iniciar bons processos. Se esperarmos um número limitado de convidados, precisamos concentrá-los em poucas salas no mesmo andar. Se ficar um pouco lotado… Bem, geralmente isso não é um grande problema – muito ao contrário. Se tentarmos espalhar o mesmo evento para muitas salas maiores, talvez em vários andares, inevitavelmente o evento será um fracasso retumbante.

Os princípios implícitos aos bons eventos podem ser utilizados no urbanismo moderno em locais onde não se pode contar com grande número de visitantes. Temos que concentrar pessoas e atividades em poucos espaços de tamanho adequado, e no mesmo nível.

Esses princípios simples foram usados de forma consistente em Veneza, com sua malha urbana e sua multidão de pedestres. Embora com muitas ruas, passagens e praças de todos os tamanhos, a estrutura básica é aparentemente simples, concentrada em torno de um número limitado de ruas principais ligando pontos-chave da cidade e uma rígida hierarquia de praças maiores e menores. Toda a cidade é construída em torno de uma malha viária simples que oferece as

a cidade viva, segura, sustentável e saudável   65

espaços tão vastos — tão pouca gente

As novas áreas residenciais são esparsamente povoadas. Há um século, sete vezes mais pessoas moravam no mesmo espaço[1].

	1900 antigas áreas urbanas	2000 novas áreas urbanas (alta densidade)	2000 novas áreas urbanas (baixa densidade)	2000 novas áreas urbanas (subúrbios)
Dimensão média dos domicílios	4 pessoas	1.8 pessoas	2 pessoas	2.2 pessoas
Área média da moradia por residente m²	10	60	60	60
Taxa de ocupação	200%	200%	25%	20%
Número de moradias por hectare	475	155	21	8
Número de residentes por hectare	2.000 pessoas	280 pessoas	42 pessoas	17 pessoas

É importante reunir pessoas e eventos. Entretanto, espaços abertos muito grandes, e em grande quantidade, normalmente, destinam-se a novas áreas residenciais. Os processos que estimulam a vida na cidade nunca têm chance de começar.

66   cidades para pessoas

rotas mais curtas e alguns poucos, mas admiráveis, espaços. Quando espaços significativos são poucos e as rotas seguem, de forma lógica, as óbvias linhas desejáveis para caminhadas, pode-se aplicar mais esforço na qualidade do espaço individual.

É evidente que lojas, restaurantes, monumentos e funções públicas devem estar localizados onde as pessoas deverão passar. Desse modo, as distâncias feitas a pé parecem mais curtas e o trajeto, algo mais do que uma simples experiência. Tem-se a oportunidade de combinar o útil ao agradável – e tudo a pé.

procuram-se: caminhos lógicos e curtos, pequenos espaços e uma clara hierarquia do espaço urbano

Essas são as qualidades precisas que podem ser utilizadas com vantagem no urbanismo moderno. As palavras-chave para estimular a vida na cidade são: rotas diretas, lógicas e compactas; espaços de modestas dimensões; e uma clara hierarquia segundo a qual foram tomadas decisões para a escolha dos espaços mais importantes.

Esses princípios contrastam fortemente com o planejamento urbano praticado em muitas áreas contemporâneas. Aqui os planejadores, tipicamente, constroem muitos espaços comuns e tornam os espaços individuais grandes demais. Ruas, bulevares, alamedas, avenidas, passagens, terraços, jardins, terraços-jardins, pátios, praças, parques e áreas de lazer são generosamente espalhados nos planos, mas pensando muito pouco em sequências naturais, em quais são os espaços importantes, ou até mesmo em que medida é válido construí-los. Em quase todos os casos, o resultado são metros quadrados em demasia e espaços grandes demais para visitantes de menos. Apenas nos desenhos de arquitetura é que as mesmas poucas pessoas podem ser vistas em tantos lugares diferentes ao mesmo tempo. Na verdade, tudo é feito para impedir que a espiral positiva, de fato, avance.

Nada acontece, porque nada acontece, porque...

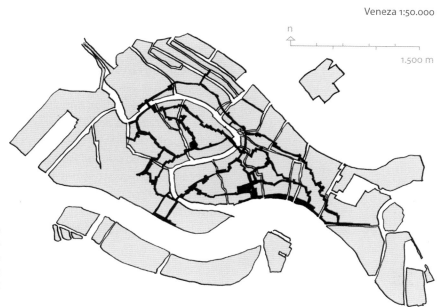

Veneza 1:50.000

Embora possa parecer complicada, a rede das principais ruas de Veneza é simples e compacta. As ruas conectam os pontos focais o mais diretamente possível: as pontes mais importantes, as praças e os terminais de transporte.

a cidade viva, segura, sustentável e saudável

Cidade densa – cidade viva?

cidade densa, cidade viva – uma verdade com adjetivações

É sobejamente conhecido o conceito de que uma cidade viva precisa de alta densidade construída e grandes concentrações de moradias e locais de trabalho.

Mas o que a cidade viva realmente precisa é uma combinação de espaços públicos bons e convidativos e certa massa crítica de pessoas que queira utilizá-los. Há incontáveis exemplos de lugares de alta densidade de edificações e espaços públicos ruins, que realmente não funcionam bem. Novas áreas urbanas são frequentemente densas e totalmente ocupadas, mas seus espaços urbanos são numerosos demais, muito grandes e muito ruins para inspirar qualquer um que se arrisque a utilizá-los.

Na verdade, com frequência, percebe-se que uma alta densidade mal planejada obstrui a implantação de um bom espaço urbano, extinguindo assim a vida na cidade. O centro de Sydney é dominado por edifícios altos. Muitas pessoas moram e trabalham em ruas escuras, barulhentas e com intensas correntes de vento. As ruas, embora permitam a circulação de pessoas de um ponto a outro, não são nada convidativas. Manhattan, em Nova York, também tem muitos exemplos de grupos de arranha-céus com ruas escuras e nada atrativas no térreo.

densidade razoável e espaço urbano de boa qualidade

A vida na cidade é uma questão de quantidade e qualidade. A densidade sozinha não produz, necessariamente, vida nas ruas. Enquanto muitas pessoas moram e trabalham em edifícios de alta densidade, os espaços urbanos do entorno, podem, facilmente, ficar escuros e ameaçadores. (Lower Manhattan, Nova York).

Em contraste, Greenwich Village e Soho, ainda em Nova York, são áreas, em geral, menos densas, mas ainda com densidade relativamente alta. Os edifícios são mais baixos e assim o sol atinge as ruas ladeadas de árvores – e ali há vida. Com menos pavimentos e um espaço urbano mais atrativo nesses bairros, cada edifício proporciona bem mais vitalidade do que as áreas com altos edifícios e alta densidade, onde mais pessoas vivem e trabalham. Densidade razoável e espaço urbano de boa qualidade são quase sempre preferíveis a áreas com maior densidade que, frequentemente, inibem a criação de espaços urbanos atrativos.

Outro problema que reduz a vida urbana em torno dessas torres é que as pessoas dos andares mais altos – tanto de apartamentos como de escritórios – se aventuram menos na cidade do que aquelas que vivem e trabalham nos primeiros quatro ou cinco andares. Os andares inferiores garantem, aos ocupantes, contato visual com o espaço urbano e o "deslocamento" para dentro e para fora do edifício não é sentido como tão longo e difícil.

Vários estudos de áreas habitacionais dinamarquesas mostram que, em geral, os conjuntos de casas de dois andares até dois andares e meio têm mais vida de rua e socialização por domicílio do que os edifícios mais altos[2].

A conclusão é que construir edifícios altos para criar densidades muito altas e espaços públicos ruins não é uma receita útil para cidades vivas, embora construtores e políticos, às vezes, utilizem o argumento de infundir vida na cidade através da construção de áreas densas e com edifícios altos.

tem-se: alta densidade – procura-se: melhor densidade

A vida da cidade não acontece por si mesma ou se desenvolve de forma automática, simplesmente como resposta à alta densidade. Essa questão requer uma abordagem concentrada e bem mais variada. Cidades vivas requerem estrutura urbana compacta, densidade populacional razoável, distâncias aceitáveis para serem percorridas a pé ou de bicicleta e espaço urbano de boa qualidade. A densidade, que representa quantidade, deve ser combinada com a qualidade sob a forma de bons espaços urbanos.

Há muitas maneiras de utilizar abordagens arquitetônicas inteligentes em densidades relativamente altas, sem criar edifícios muito altos, ruas muito escuras e sem construir barreiras psicológicas que desestimulem os residentes de fazer seu "deslocamento" de dentro para fora.

densidade e bom espaço urbano – nas cidades antigas

Muitos bairros mais antigos mostram uma combinação de densidade compacta e bom espaço urbano, como mostram os centros de Paris e Copenhague. A mundialmente conhecida estrutura urbana de Cerdà em Barcelona também tem um excelente espaço urbano, vibrante vida de rua e, na verdade, uma densidade maior do que Manhattan em Nova York.

densidade e bom espaço urbano – em novas áreas urbanas

Uma área nova fantástica é Aker Brygge à beira-mar, em Oslo, Noruega (1984-1992). Pensou-se muito na questão da densidade, diversidade de funções e em bons espaços urbanos. Apesar da alta densidade construída (260%), os edifícios não parecem altos, porque aqueles ao longo das ruas têm menos andares do que aqueles situados mais atrás.

O complexo de Aker Brygge (1984-1992), em Oslo, é uma das poucas e relativamente novas áreas construídas, com torres, alta densidade e espaços urbanos convidativos. Essa combinação tornou o bairro muito popular e atrativo.

Há uma boa proporção no espaço urbano com a frente das áreas térreas bem ativas e, em grande parte, graças ao bom projeto a área tornou-se uma das poucas áreas urbanas na Europa onde as pessoas realmente apreciam passar o tempo. A densidade é alta, mas é o tipo certo de densidade.

a cidade viva, segura, sustentável e saudável 69

tráfego lento significa cidade viva

A vida na cidade é, sobretudo, uma questão de números e tempo. Existe vida nas ruas das cidades de pedestres porque as pessoas estão presentes no campo de visão por longo tempo (Veneza, Itália e hutong* em Pequim, China)
* As hutong são as antigas ruelas ou passagens estreitas, que interligam os vários pátios e grupos de casas tradicionais formando uma espécie de labirinto típico de Pequim.

O tráfego de velocidade nas autoestradas compreende muitas unidades, que logo saem do campo de visão. Quando o tráfego se move mais lentamente ou fica interrompido, há muito mais o que olhar.

70 cidades para pessoas

Quantos e por quanto tempo: quantidade e qualidade

vida na cidade – uma questão de números e de tempo

Como já foi mencionado, é amplamente aceito que a vida no espaço da cidade é em essência uma questão de número de usuários, mas a questão está longe de ser simples.

O número de usuários, a quantidade, é um fator, mas outro fator igualmente importante para a vida na cidade é o tanto de tempo gasto pelos usuários no espaço público. A vida no espaço urbano, como o experimentamos, movimentando-nos pela cidade, é uma questão de quanto existe para se ver e experimentar, dentro do campo social visual de mais ou menos 100 metros. A atividade no campo visual está vinculada à quantidade de outras pessoas presentes e ao tempo de permanência de cada usuário. O nível de atividade é simplesmente um produto do número e do tempo. Muitas pessoas movimentando-se rapidamente pelo espaço pode significar bem menos vida na cidade do que um grupo de pessoas que passam algum tempo ali.

Numa das principais ruas de pedestres de Copenhague, a Strøget, o deslocamento a pé é 35% mais lento no verão do que no inverno, o que significa que o mesmo número de pessoas é responsável pelo aumento de 35% no nível de atividade na rua[3]. Em geral, é fato que o nível de atividade no espaço da cidade aumenta muito com tempo bom. A diferença não está em haver necessariamente mais pessoas na cidade, mas em o usuário individual passar mais tempo ali. Andamos mais devagar, paramos mais frequentemente e somos tentados, pelos convites do espaço, a permanecer um pouco nos bancos ou nos cafés.

tráfego mais lento significa cidades vivas

Reconhecer que a vida na cidade é um produto de "quantos" e "quanto tempo" nos ajuda a entender uma série de fenômenos urbanos. Calcular tanto o número quanto o tempo é uma ferramenta de planejamento necessária para estimular a vida nas cidades.

Veneza tem um nível surpreendentemente alto de atividades apesar da redução drástica da população. A explicação é que todo o deslocamento é feito a pé, todo mundo caminha devagar e há muitas paradas espontâneas. A circulação de gôndolas, e também de outros barcos, é em ritmo agradável. Assim, apesar do pequeno número de pessoas e barcos, há sempre alguma coisa para se ver, porque tráfego lento significa cidades vivas.

Em contraste, vários de nossos modernos subúrbios voltados para o automóvel contêm um número muito maior de habitantes, mas o tráfego é rápido e poucas pessoas permanecem. Os carros saem de nosso campo de visão quase antes mesmo de entrar. Isso também explica por que há tão pouco para se vivenciar. Tráfego rápido implica cidades sem vida.

Um argumento importante nas discussões sobre a reorganização do tráfego e seus princípios para as ruas é que há mais vida nos bairros onde as pessoas se deslocam lentamente. O objetivo de criar cidades onde mais pessoas sejam convidadas a caminhar e a pedalar trará mais vida para as ruas e uma experiência mais rica porque o tráfego rápido será transformado em tráfego lento.

a cidade viva, segura, sustentável e saudável

espaços de transição — onde edifício e cidade se encontram

Batendo papo

Entrando e saindo

Caminhando

Permanecendo (em pé)

Dando um tempo

À porta das edificações

Fazendo compras

Interagindo

Olhando vitrines

Sentando-se

Sentando-se perto de

Olhando para dentro e para fora

Espaços de transição suave – cidades vivas

onde a cidade e as edificações se encontram

O tratamento dos espaços de transição da cidade, em especial, os andares mais baixos dos edifícios, tem influência decisiva na vida no espaço urbano. Trata-se da zona onde se caminha quando se está na cidade; são as fachadas que se vê e se experimenta de perto, portanto mais intensamente. É o local onde se entra e sai dos edifícios, onde pode haver interação da vida dentro das edificações e da vida ao ar livre. É o local onde a cidade encontra as edificações.

transições que definem o espaço

Os espaços de transição da cidade limitam o campo visual e definem o espaço individual. Essas transições contribuem de forma crucial para a experiência espacial e para a consciência do espaço individual como lugar. Assim como as paredes de uma casa protegem as atividades e transmitem uma sensação de bem-estar, os espaços de transição da cidade oferecem um sentido de organização, conforto e segurança. Reconhecemos os locais sem espaços de transição ou com espaços de transição ruins em muitas praças, circundadas nos quatro lados por vias de tráfego intenso. Sua função é bem mais empobrecida do que o espaço urbano onde a vida é diretamente reforçada por um – ou mais de um – espaço atraente de transição[8].

espaços de transição como zona de troca

O espaço de transição ao longo dos andares térreos é também uma zona onde se localizam as portas de entrada e os pontos de troca entre interior e exterior. As transições proporcionam uma oportunidade para a vida, dentro das edificações ou bem em frente a elas, interagir com a vida na cidade. É a zona onde as atividades realizadas dentro das edificações podem ser levadas para fora, para o espaço comum da cidade.

espaços de transição como zonas de permanência

O espaço de transição também oferece algumas das melhores oportunidades para simplesmente permanecer, em pé ou sentado. O clima local é melhor aqui, as costas estão protegidas e nosso aparelho sensor frontal pode confortavelmente dominar a situação. Temos uma visão de tudo que acontece no espaço e não há perigo de surpresas desagradáveis vindas de trás. Esse espaço de transição é de fato um bom lugar para ficar em uma cidade.

A tendência geral das pessoas de ficar junto às paredes se confirma, tanto em público quanto no espaço privado, dentro ou fora das edificações. Pode-se dizer que a vida se desenvolve a partir desses espaços de transição em direção ao centro. Em festas, entre uma dança e outra, falamos dos revestimentos de flores das paredes. Em recepções, os convidados geralmente grudam nas paredes e só mais tarde se movimentam livremente pela sala. As crianças começam suas atividades ao ar livre, em torno da porta da frente e só quando as brincadeiras começam é que utilizam todo o espaço. Durante as pausas entre as atividades, mais uma vez, as crianças utilizam o espaço de transição para aguardar e observar até o início de uma nova brincadeira ou jogo.

Em áreas públicas, as pessoas procuram pontos bem localizados junto a esses limites, para esperar seja o que for. Esses espaços constituem também uma escolha cuidadosa para permanências mais longas em bancos ou cafés de

a cidade viva, segura, sustentável e saudável   75

unidades estreitas, muitas portas, por favor

No período colonial francês, as normas exigiam unidades estreitas e muitas portas por toda Hanói, capital do Vietnã. Esse princípio também pode ser recomendado para as novas áreas construídas (Sluseholmen, Copenhague, Dinamarca [2007-2009]).

Em todo o mundo, o mesmo ritmo em ruas comerciais agradáveis: de quinze a vinte lojas a cada cem metros de rua significam novas experiências para os pedestres, a cada quatro ou cinco segundos (Changcha, China; Middlesbrough, Reino Unido; e Nova York).

espaços de transição urbana como zona de experiência

calçada. Nossas costas ficam protegidas e temos uma bela visão geral. Quando existem toldos ou guarda-sóis, além da visão geral, fica-se à sombra, protegido. Obviamente, é um ótimo lugar para se ficar.

Como pedestres, experimentamos as áreas térreas mais de perto e mais intensamente. Os andares mais altos não fazem parte de nosso campo de visão imediato, tampouco os edifícios do outro lado da rua. Vemos os andares acima de nós e os edifícios do outro lado da rua de uma distância considerável e, pela mesma razão, nossa percepção em relação a eles perde detalhes e intensidade.

A situação é bem diferente para as áreas térreas, por onde passamos ao caminhar. Observamos atentamente todos os detalhes das fachadas e vitrines. Experimentamos de perto o ritmo das fachadas, os materiais, as cores e as pessoas dentro ou perto das edificações e, em grande parte, isso determina se nossa caminhada é interessante e memorável. Para os urbanistas, são argumentos fortes em favor da concentração ou da garantia de térreos ativos e atraentes ao longo de importantes rotas de pedestres. Em termos de experiências visuais e outras, todos os demais elementos têm um papel menos determinante.

bons ritmos, ótimos detalhes

Caminhar na cidade permite longo tempo para vivenciar aquilo que as áreas ao nível da rua têm a oferecer, e saborear a riqueza de detalhes e informações. As caminhadas tornam-se mais interessantes e significativas, o tempo passa rapidamente e as distâncias parecem mais curtas.

No entanto, em locais onde não existem espaços interessantes de transição, ou onde as áreas térreas são fechadas e monótonas, a caminhada parece longa e pobre em termos de experiência. O processo todo torna-se tão sem sentido e cansativo que, em geral, as pessoas desistem totalmente de caminhar.

Alguns estudos fisiológicos feitos com pessoas em um ambiente sem qualquer estímulo mostram que nossos sentidos precisam de estímulos a intervalos bastante curtos de quatro a cinco segundos, o que parece garantir um razoável equilíbrio entre pouquíssimos e muitos estímulos[9]. É interessante notar que, no mundo todo, lojas e barracas em ruas comerciais ativas e prósperas, geralmente, têm uma fachada de cinco ou seis metros de comprimento, o que corresponde a 15–20 lojas, ou outras opções que despertem a atenção, em um trecho de 100 metros. Em um ritmo normal de caminhada, cerca de 80 segundos/100 metros, o ritmo das fachadas indica que, a cada cinco segundos, há novas atividades e atrações para serem vistas.

unidades estreitas, muitas portas, por favor

O princípio de inúmeras unidades estreitas e muitas portas ao longo das ruas comerciais proporciona as melhores oportunidades de interação entre compradores e vendedores, enquanto as várias portas garantem vários pontos de troca entre o lado de dentro e o de fora. Há muito a ser vivenciado e há espaço para muitas ofertas tentadoras. Não surpreende o fato de que muitos *shopping centers* também utilizem o princípio de unidades estreitas com inúmeras portas. Tudo isso também abre espaço para muitas lojas ao longo dos corredores.

e com destaque vertical nas fachadas, por favor

Mas onde houver lojas no térreo, e nas muitas outras zonas de transição onde houver residências e outras funções, é importante garantir que as fachadas térreas tenham articulações verticais. Esse artifício faz com que distâncias a pé pareçam mais curtas e mais interessantes. Em contraste, fachadas projetadas com longas linhas horizontais fazem as distâncias parecerem mais longas e cansativas.

espaços de transição suave – e rígida

Unidades estreitas, muitas portas e um movimento vertical nas fachadas ajudam a intensificar a experiência de caminhar. As atividades do térreo e a interação funcional com a vida na rua, também têm impacto considerável na vida da cidade.

a cidade viva, segura, sustentável e saudável   77

espaços de transição suave – e rígida

Escala e Ritmo
A escala dos 5 km/h, compacta e cheia de interesse com unidades estreitas e inúmeras portas.
A escala dos 60 km/h funciona para motoristas em movimento, mas não para pedestres.

5 km/h

ou 60 km/h

Transparência
Caminhar na cidade pode ser uma experiência intensificada se os pedestres puderem ver as mercadorias em exposição e o que acontece no interior das construções. E isso funciona nos dois sentidos.

Aberto

ou fechado

Apelo a muitos sentidos
Todos os nossos sentidos são ativados quando estamos perto de edificações que despertam impressões e oportunidades interessantes.
Por outro lado, oito cartazes não são inspiradores.

Interativo

ou passivo

Textura e Detalhes
As edificações da cidade são atrações para pedestres que caminham lentamente. Áreas atraentes ao nível da rua oferecem textura, bons materiais e uma riqueza de detalhes.

Interessante

ou monótono

Diversidade de funções
Unidades estreitas e inúmeras portas, além de uma grande diversidade de funções, garantem inúmeros pontos de intercâmbio entre o interior e o exterior e grande número de experiências.

Variado

ou uniforme

Ritmo de fachadas verticais
Áreas térreas com ritmo de fachada, basicamente vertical, tornam o caminhar mais interessante. Os trajetos parecem mais curtos também, comparados com as caminhadas ao longo de fachadas com linhas, sobretudo horizontais.

Fonte: Close Encounters with Buildings (Encontros Imediatos com Edificações), Urban Design International, 2006.

Vertical

ou horizontal

Para simplificar, podemos descrever as oportunidades de experiência a partir de dois extremos. Um é a rua com uma "transição suave" com lojas alinhadas, fachadas transparentes, grandes janelas, muitas aberturas e mercadorias expostas. Aqui há muito para se ver e tocar, proporcionando muitas e boas razões para o pedestre diminuir o passo ou mesmo parar. O outro extremo, a rua com "transição rígida", é diametralmente oposto: os pisos térreos são fechados e o pedestre caminha ao longo de fachadas de vidro preto, concreto ou alvenaria. Há poucas, ou nenhuma porta e, no geral, há pouco para se vivenciar; não há sequer motivo para escolher aquela determinada rua.

sete vezes mais vida diante de fachadas ativas

Ao longo dos anos, muitos estudos sobre o impacto da qualidade do espaço de transição sobre a vida da cidade apontam para uma conexão direta entre transições suaves e cidades vivas. Um estudo realizado em Copenhague, em 2003, analisou a extensão das atividades diante de uma área de fachadas ativas e outra de fachadas passivas, em várias ruas da cidade[10].

Na frente de fachadas abertas e ativas, havia uma clara tendência de os pedestres diminuírem o passo e voltarem a cabeça em direção à fachada; com frequência, eles paravam. Diante de trechos de fachadas fechadas, o ritmo da caminhada foi significativamente mais rápido, havia menos viradas de cabeças e menos paradas. Concluindo, pode-se ver que com o mesmo fluxo de pedestres nos trechos de ruas com fachadas ativas e passivas, o número médio de pessoas que passaram ou pararam em frente às fachadas ativas foi sete vezes maior do que o nível de atividade em frente às passivas. A razão era que as pessoas caminhavam mais lentamente, paravam mais vezes e iam e vinham, com mais frequência, até as lojas das ruas com espaços de transição suave.

Mais interessante ainda é perceber que várias outras atividades não relacionadas com lojas e fachadas também ocorreram nesse trecho ativo da rua. As pessoas falavam mais em seus celulares, paravam para amarrar os sapatos, organizavam suas sacolas de compras e conversavam muito mais do que diante de

Um estudo das ruas comerciais de Copenhague, feito em 2003, mostra que o nível de atividade em frente a uma fachada ativa é sete vezes maior do que diante de fachadas passivas[11].

a cidade viva, segura, sustentável e saudável

uma política para áreas térreas dinâmicas, por favor

De acordo com a placa, o supermercado fica aberto sete dias por semana, mas com certeza não para a calçada. (Adelaide, Austrália).

"Antes" e "depois" de uma esquina em Melbourne e de uma rua em Estocolmo. As duas cidades adotaram políticas de fachadas ativas.

fachadas passivas. Bem de acordo com o princípio de que os processos da vida da cidade são muitas vezes de autorreforço: "As pessoas vão aonde o povo está".

fachadas fechadas no térreo – cidades sem vida

Ruas com transição suave têm influência marcante sobre os padrões de atividade e a atratividade do espaço urbano. As fachadas transparentes, acolhedoras e movimentadas dão ao espaço da cidade uma escala humana ótima exatamente onde têm mais peso: de perto e ao nível dos olhos.

A qualidade dos pisos térreos é tão crucial para o apelo global de uma cidade que é difícil entender porque o nível da rua é tratado com tal desconfiança, em muitas cidades novas e antigas. Longas paredes fechadas, poucas portas e estéreis seções envidraçadas, que parecem dizer "não pare, vá em frente", se espalharam nas cidades, dando aos pedestres várias boas razões para desistir e ir para casa.

cidades vivas precisam de políticas de áreas térreas dinâmicas

Como parte dos esforços para melhorar a qualidade do ambiente urbano no centro de Estocolmo, em 1990, elaborou-se uma escala para mapear a atratividade das áreas térreas[12]. O método de avaliação mais tarde foi aperfeiçoado ao longo de projetos correspondentes em outras cidades.

O mapeamento da atratividade do térreo identifica as áreas problemáticas da cidade e pode ser usado para avaliar a situação nas ruas mais importantes. Com base nessa informação, os urbanistas podem elaborar uma política focada em uma área térrea ativa para garantir a atratividade do espaço térreo em novos empreendimentos e, aos poucos, corrigir os problemas da massa edificada existente, sobretudo ao longo das mais importantes rotas de pedestres da cidade.

Semelhante política trouxe melhoras significativas para Melbourne; e uma série de outras cidades e regiões está empenhada em tratar dessa questão. Planos para as novas áreas urbanas na orla de Oslo destacam trechos e locais onde atraentes espaços térreos serão cruciais para a futura qualidade urbana. Uma forma de garantir a realização dos planos é reduzir o aluguel naquelas áreas térreas que são fundamentais para a atratividade do bairro. Se o bairro for popular e atraente, a renda geral dos aluguéis será facilmente gerada pelas outras propriedades.

Levantamento de fachadas-problema, no nível da rua, em Copenhague e Estocolmo. Nos anos de 1950 e 1960, a área central de Estocolmo foi submetida a amplo programa de renovação urbana. Em geral, edifícios daquele período tinham fachadas que desconsideravam a cidade, fato apontado claramente pelo levantamento (a metodologia é mostrada à p. 241)[13].

Copenhague 1:25.000

Estocolmo 1:25.000

a cidade viva, segura, sustentável e saudável

espaços de transição suave em diferentes culturas

Espaços de transição suave em áreas urbanas mais antigas (Tóquio, Japão; Sydney, Austrália; e Montreal, Canadá).

À direita: Espaços de transição suave por todo o bairro (Bairro Francês [Vieux Quartier] em Nova Orleans, Louisiana).

Espaços de transição suave em novas áreas urbanas (Bogotá, Colômbia e Cidade do Cabo, África do sul).

Página oposta: vida nas ruas perto das casas e jardins frontais (Jacarta, Indonésia).

86 cidades para pessoas

espaços de transição suave – em vários contextos culturais

Em estudos realizados ao longo de três décadas, em grandes e pequenas cidades de vários continentes, mencionam-se centros urbanos e subúrbios. Naturalmente, os estudos incluem áreas e domicílios representando ampla gama de culturas, padrões econômicos e condições de vida. Além disso, os padrões de uso e a cultura habitacional mudam com o tempo, conforme as mudanças no estilo de vida, poder aquisitivo e demografia. Uma discussão equilibrada sobre a função dos espaços de transição suave em um contexto residencial deve incluir dimensões culturais e socioeconômicas. Entretanto, não faremos essa discussão aqui, pois o tema é uma ilustração mais geral da importância de espaços de transição suave para padrões de atividade na cidade e em áreas residenciais, de opções para as pessoas caminharem por essas áreas e das possibilidades de contato entre atividades dentro e fora das casas.

1 m² adjacente à moradia ou 10 m² virando a esquina?

Os estudos mencionados mostram um quadro inequívoco dos espaços de transição suave constituindo-se como um elemento simples e valioso da arquitetura da cidade, o qual contribui, em termos de atração e convites, com todas as áreas mencionadas. Quanto mais convidativo e de mais fácil utilização for o espaço da cidade ou a zona de transição, mais viva será a cidade. Em quase todas as situações, um metro quadrado ao lado de casa é mais útil e mais utilizado do que dez metros quadrados virando a esquina.

cidades vivas
espaços com transições suaves, por favor

Nenhum tema tem maior impacto na vida e na atração exercida pelo espaço da cidade do que esses espaços de transição, ativos, abertos e vivos. Quando o ritmo construtivo da cidade produz unidades baixas, com muitas portas e detalhes cuidadosamente planejados no nível térreo, reforça-se a vida na cidade. Quando os espaços de transição funcionam, eles reforçam a vida na cidade. As atividades podem se complementar mutuamente, a riqueza da experiência aumenta, as caminhadas se tornam mais seguras e as distâncias parecem mais curtas.

Em seu livro *A Pattern Language* (1977), Christopher Alexander resume sua importância: "Se o espaço de transição fracassar, o espaço nunca se tornará vivo"[21].

É – quase – simples assim.

Se os espaços de transição funcionassem... Rua comercial em Camden, Londres, e uma área residencial com escadas no Brooklin, Nova York.

Cidades vivas – processo, tempo, números e convites

cidades vivas –
e cidades sem vida

O capítulo anterior sobre sentidos e escala descreve como os princípios urbanísticos que destacam soluções de tráfego em grande escala e edifícios autossuficientes, combinados com a confusão da escala mundo afora, resultaram em cidades impessoais e indiferentes. Desertas e desestimulantes, essas cidades são um subproduto do planejamento que defendia outras prioridades.

Nas cidades antigas e tradicionais, até a metade dos anos 1950, a vida urbana era natural. Era simplesmente aceita e por uma boa razão. Agora, em várias partes do mundo, a vida na cidade não é mais natural, mas um recurso valioso e relativamente limitado que os urbanistas devem conduzir com muito cuidado. Desde então, alterações na sociedade e nos métodos de planejamento modificaram drasticamente a situação.

Neste capítulo, tentou-se alinhavar os métodos que podem ser utilizados para revigorar a vida nas cidades. Vários instrumentos surgem como formas de estimular a dimensão humana, dependendo da situação e do trabalho em questão.

cidades vivas – produto
de um planejamento cuidadoso

Vitalidade e tranquilidade são qualidades urbanas desejáveis e valiosas. Paz e tranquilidade são altamente valorizadas em uma cidade viva e ativa. Para se promover uma cidade com esses atributos, os argumentos não devem concentrar-se, especificamente, na criação de maior vitalidade possível no maior número de lugares.

O problema, porém, é que áreas desoladas surgem espontaneamente em novas áreas urbanas. Ninguém faz muito esforço para atingir esse resultado. Exige-se um esforço concentrado e atento para garantir uma combinação de lugares vivos e tranquilos na cidade.

Quando o objetivo é desenvolver cidades, quando a dimensão humana e o encontro entre pessoas estabelecem uma prioridade, quando se quer atrair pessoas para caminhar e pedalar, é fundamental trabalhar com muita atenção para estimular a vida nas cidades.

Importa lembrar que a resposta não deve ser buscada em simples princípios fixados a respeito de densidades mais altas e maior número de moradores nos edifícios, mas sim, em cuidadoso trabalho, em muitas vertentes, com a vida na cidade como processo e atração principal.

Processos, convites, qualidade urbana, o importantíssimo fator tempo e espaços convidativos de transição suave são palavras-chave para este trabalho.

a cidade viva, segura, sustentável e saudável   89

o preço do medo

Desde que os carros conquistaram as ruas, medo e preocupação tornaram-se parte integrante da vida diária em cidades do mundo todo.

Os ciclistas ficam em posição extremamente vulnerável em muitas cidades que ainda carecem de boa infraestrutura para eles. A placa do Japão mostra que andar de bicicleta nas calçadas não é uma boa alternativa.

3. 2.
A cidade segura

A cidade segura

sentir-se seguro na cidade – qualidade urbana essencial

Sentir-se seguro é crucial para que as pessoas abracem o espaço urbano. Em geral, a vida e as próprias pessoas tornam a cidade mais convidativa e segura, seja em termos de segurança percebida ou vivenciada.

Nesta seção, abordamos a questão da cidade segura com o objetivo de garantir boas cidades pelos seus convites para caminhar, pedalar e permanecer. Nossa discussão irá se concentrar em dois importantes setores onde esforços específicos podem atender essa demanda por segurança no espaço urbano: segurança no tráfego e prevenção à criminalidade.

Segurança e tráfego

mais espaço para os automóveis – como política urbana predominante?

Nos mais de cinquenta anos em que os carros invadiram as cidades, registrou-se um enorme aumento tanto do tráfego de veículos quando dos índices de acidentes. O medo de acidentes de trânsito cresceu de forma ainda mais aguda, com um impacto dramático sobre pedestres e ciclistas e o prazer de se deslocar pela cidade. À medida que mais carros tomaram as ruas, cada vez mais planejadores de tráfego e políticos concentraram-se em criar espaço para eles e para estacionamentos.

Como resultado, deterioraram-se as condições para pedestres e ciclistas. Gradualmente, calçadas estreitas foram ficando pontilhadas de placas de sinalização, parquímetros, postes, luminárias de rua e outros obstáculos colocados de modo a "não ficar no caminho". Entenda-se, "no caminho do tráfego motorizado", que é o que importa. Aos obstáculos físicos, juntem-se as frequentes interrupções no ritmo da caminhada causadas pelas longas paradas em semáforos, difíceis cruzamentos de ruas, passagens elevadas para pedestres e túneis subterrâneos desertos. Todos esses exemplos de organização da cidade têm um objetivo: proporcionar mais espaço e melhores condições para os carros. Como consequência, caminhar ficou mais difícil e muito menos atrativo.

Em muitos lugares, as condições para bicicletas são ainda piores: ciclovias foram totalmente eliminadas, pintaram-se perigosas "ciclofaixas" nas ruas junto

ruas com prioridade para pedestres, por favor

O conceito de ruas completas ou compartilhadas sugere igualdade entre os grupos de tráfego, o que é um ideal utópico. Integrar vários tipos de tráfego não satisfaz, até que os pedestres obtenham clara prioridade (espaço compartilhado em Haren, na Holanda e rua com prioridade para pedestres em Copenhague, Dinamarca).

a carros em rápida velocidade, ou percebe-se a total ausência de infraestrutura para ciclistas, que têm de lidar com essa questão da melhor forma possível.

Durante todo esse período de invasão de veículos, as cidades tentaram remover o tráfego de bicicletas das ruas. O risco de acidentes com pedestres e ciclistas tem sido grande durante a escalada do tráfego de veículos, e o medo de acidentes ainda maior.

grandes diferenças em várias partes do mundo – mas os mesmos problemas

Muitos países europeus e norte-americanos experimentaram a invasão de veículos e observaram a deterioração da qualidade da cidade, ano a ano. Houve inúmeras reações contrárias e um incipiente desenvolvimento de novos princípios de planejamento de tráfego, como reação. Em outros países, cujas economias se desenvolveram de forma mais lenta e modesta, só recentemente os carros começaram a invadir as cidades. Em todos os casos, o resultado mostra uma piora das condições de tráfego para pedestres e bicicletas.

Nas cidades, onde a invasão dos carros começou mais cedo e se prolongou por décadas, percebe-se agora intensa reação contra o foco míope priorizando os carros, foco esse que desferiu duros golpes na vida urbana e no tráfego de bicicletas.

o moderno planejamento de tráfego garante melhor equilíbrio entre seus diferentes tipos

Em muitos países, sobretudo na Europa, o planejamento de tráfego no século XXI mudou drasticamente se comparado com o de vinte ou trinta anos atrás. A importância de promover o tráfego de bicicletas e pedestres foi, gradualmente, reconhecida, enquanto uma melhor compreensão da natureza e das causas dos acidentes de trânsito produziu uma variedade bem mais ampla de instrumentos de planejamento.

Quando as primeiras ruas de pedestres foram implantadas na Europa, na década de 1960, só havia dois modelos de ruas: com circulação de veículos e de pedestres. Desde então, inúmeros tipos de ruas e soluções de trânsito foram desenvolvidas, de forma que os responsáveis pelo planejamento de tráfego hoje têm uma ampla variedade de ruas para escolher: ruas só para passagem de veículos; bulevares; tráfego a 30 km/h; prioridade aos pedestres; áreas com velocidade de 15 km/h; pedestres e bondes; pedestres e bicicletas; e só pedestres. A experiência obtida nos anos subsequentes também permitiu a redução do número de acidentes de trânsito, tornando atividades como pedalar e caminhar mais seguras e confortáveis.

Ao escolher entre tipos de ruas e soluções de tráfego, é preciso partir da dimensão humana. Deve ser possível às pessoas deslocar-se pelas cidades, a pé ou de bicicleta, de forma confortável e segura. Quando forem adotadas soluções de tráfego, exija-se especial atenção às crianças, aos jovens, aos idosos e às pessoas com necessidades especiais. Qualidade para as pessoas e segurança para os pedestres devem ser preocupações básicas.

os pedestres devem ter prioridade em áreas de tráfego misto

Algumas ideologias recentes de planejamento urbano, derivadas de estatísticas de acidentes, sustentam que o risco de acidentes pode ser reduzido pela combinação física de vários tipos de tráfego na mesma rua, sob o rótulo de "espaço compartilhado".

A ideia por trás das chamadas ruas compartilhadas é que elas darão oportunidade a caminhões, carros, motos, bicicletas e pedestres de todas as idades, de circular tranquilamente, lado a lado, com bom contato visual. Em tais circunstâncias, raramente, ocorrerão acidentes sérios, ou ao menos é o que se pensa, porque pedestres e ciclistas devem estar supervigilantes o tempo todo.

Obviamente, se as pessoas forem cautelosas e mantiverem a atenção no tráfego, nada de inconveniente irá acontecer. Entretanto, em termos de dignidade e qualidade, o preço é alto. As crianças não podem ficar à vontade, os idosos e outros com mobilidade reduzida podem simplesmente desistir de caminhar a pé. Em qualquer discussão sobre pessoas e segurança no trânsito, o risco de acidentes deve ser analisado em relação à qualidade para pedestres e ciclistas. Muito do moderno planejamento de tráfego continua a prestar pouquíssima atenção à qualidade de vida na cidade.

Com certeza, é possível combinar diferentes tipos de tráfego, mas não nos mesmos termos implícitos no conceito de rua compartilhada. Por anos, as "zonas de origem" britânicas, as *woonerfs* holandesas e as *sivegader* da Escandinávia têm

a cidade viva, segura, sustentável e saudável 93

seguro para ciclistas – estilo Copenhague

Ciclofaixas ao estilo de Copenhague aproveitam os carros estacionados para proteger os ciclistas (cenas de ruas em Copenhague, Dinamarca).

O princípio de disponibilizar para os ciclistas uma faixa do lado externo de uma faixa de veículos estacionados não resolve muitos problemas de proteção e segurança. No entanto, ajuda a proteger os carros estacionados!

demonstrado que os pedestres podem coexistir com outras formas de locomoção, desde que fique claro que toda a movimentação deve ser baseada nas premissas dos pedestres. Soluções de tráfego misto devem priorizar pedestres ou proporcionar adequada segregação de tráfego[22].

planejamento de tráfego pragmático, flexível e humanizado.

Existem todas as razões para elogiar os vários tipos de rua e políticas que garantem segurança para pedestres e ciclistas, ao mesmo tempo que permitem a passagem dos veículos de serviço ou de entrega.

De projeto a projeto, os urbanistas devem refletir sobre quais tipos de ruas e o grau de integração de tráfego que seria uma boa solução. A segurança de pedestres, a real e a percebida, deve ser sempre o fator determinante. Não há nenhuma lei natural que estabeleça que o tráfego motorizado deve ter acesso a todos os lugares. Geralmente, pressupõe-se que carros não são bem-vindos em parques, bibliotecas, centros comunitários e casas. São evidentes as vantagens da ausência do tráfego de veículos por toda parte, então, mesmo havendo argumentos convincentes para permitir a circulação de veículos até a porta das edificações, em muitos casos, há outros argumentos igualmente válidos para a criação de zonas sem veículos, no entorno das residências.

o princípio de Veneza – como inspiração

Há séculos, em Veneza, o tráfego funciona com base no princípio de que a transição entre tráfego rápido e lento não acontece na porta das residências, mas nos limites da cidade. Quando se prioriza a qualidade urbana, é difícil derrubar o princípio de Veneza. Como já mencionado, desenvolveu-se uma série de opções para a coexistência entre o tráfego motorizado e o de pedestres. Ao mesmo tempo que essas opções abrem novas portas, também criam mais problemas.

Pode-se entender que um pedestre, em Veneza, considere que muitas das recentes soluções de tráfego representam formas de concessão, se comparadas à visão de uma cidade verdadeiramente para as pessoas. Ou em outras palavras, em Veneza, é fácil supor que "só há uma coisa melhor do que carros lentos – ou seja, nenhum carro". Mas como mencionamos, é necessário ser pragmático e flexível. Há muitas concessões novas e boas, mas precisam ser avaliadas e cuidadosamente selecionadas.

Em Veneza, a mudança de tráfego lento para rápido ocorre nos limites da cidade, em vez de na frente dos imóveis. Cena inspiradora e interessante para a ideia contemporânea de se criar cidades vivas, seguras, sustentáveis e saudáveis.

a cidade viva, segura, sustentável e saudável   95

o preço do medo

Uma profusão de grades, cercas, placas de advertência e câmeras dão mostras da insegurança e do medo que se infiltrou nas comunidades no mundo todo.

Alto à direita: bloco de apartamentos em Pequim, China.

À direita: ruas residenciais em Lima, Peru, transformadas em condomínios fechados.

Segurança e proteção

cidade segura – cidade aberta

Já no primeiro capítulo de seu livro, de 1961, *Morte e Vida das Grandes Cidades*, Jane Jacobs discute a importância da segurança nas ruas. Descreve o efeito de prevenção à criminalidade decorrente da vida na rua, da diversidade de funções nas edificações e do cuidado dos moradores com o espaço comum[23]. Suas expressões "vigias da rua" e "olhos da rua" tornaram-se, desde então, parte integrante da terminologia urbanística.

Ser capaz de caminhar com segurança no espaço da cidade é um pré-requisito para criar cidades funcionais e convidativas para as pessoas. Real ou percebida, a segurança é crucial para a vida na cidade.

A discussão sobre segurança tem uma dimensão geral e outra mais específica. O foco geral é manter e sustentar a visão de uma sociedade aberta na qual as pessoas de todos os grupos socioeconômicos possam movimentar-se lado a lado, no mesmo espaço da cidade, em seus afazeres cotidianos. Dentro dessa perspectiva geral, promove-se a segurança também por meio de cuidadosa reflexão pelo projeto das muitas e detalhadas soluções para a cidade.

segurança e sociedade

Ao lado das visões idealistas de cidades seguras e abertas surge a realidade de muitas sociedades urbanas. A desigualdade social e econômica é o plano de fundo para os altos índices de criminalidade e as tentativas (total ou parcialmente) privadas de proteger a vida e a propriedade.

Há uma abundância de recursos: arame farpado e grades que transformam casas em fortalezas, patrulhas em áreas residenciais, guardas de segurança em frente a bancos e lojas, placas ameaçadoras onde se lê "Segurança Privada" no exterior de casas de bairros exclusivos, e condomínios fechados: todos são exemplos de tentativas de proteção contra a invasão da propriedade privada. Os exemplos também ilustram o recolhimento generalizado de alguns grupos populacionais à esfera privada.

Cabe destacar que simples soluções individuais urbanas de prevenção à criminalidade não ajudam muito em locais onde a sensação de insegurança tem profundas raízes nas condições sociais. Por outro lado, muitas comunidades urbanas são menos trancadas, incluindo muitos bairros duramente atingidos pela criminalidade. Nesses locais, há muitas razões para se realizar um sério esforço no sentido de evitar que a população se refugie atrás das grades e do arame farpado.

Em outras partes do mundo existem cidades e sociedades nas quais a tradição cultural, as redes familiares e a estrutura social mantêm baixos os índices de criminalidade, apesar das desigualdades econômicas.

Para concluir, existem bons argumentos, em quase todas as situações, para se trabalhar cuidadosamente visando reforçar a segurança real e a percebida, o que é um pré-requisito para utilização do espaço comum da cidade.

Se transferirmos o foco da defesa da esfera privada para uma discussão geral sobre o "sentir-se seguro" enquanto se caminha pelo espaço público, encontraremos uma conexão clara entre o objetivo de reforçar a vida na cidade e o desejo de segurança.

vida nas edificações significa ruas mais seguras

A luz dos edifícios nas ruas da cidade contribui para a sensação de segurança, ao cair da noite. Acima: padaria em Amã, Jordânia, e loja da Apple em Sydney, Austrália.

Sete mil pessoas moram na área central de Copenhague e, no inverno, durante a noite de um dia de semana normal, cerca de sete mil janelas iluminadas são visíveis da rua[24].

vida na cidade significa cidades mais seguras – e cidades seguras proporcionam mais vida

Se reforçarmos a vida na cidade de modo que mais pessoas caminhem e passem um tempo nos espaços comuns, em quase todas as situações, haverá um aumento da segurança, tanto da real quanto da percebida. A presença de "outros" indica que um lugar é considerado bom e seguro. Há "olhos nas ruas" e frequentemente, também "olhos sobre as ruas", porque seguir e acompanhar o que acontece nas ruas acabou se tornando algo significativo e interessante para usuários dos edifícios do entorno. Quando as pessoas fazem suas rondas diárias no espaço urbano, tanto o espaço quanto as pessoas que o utilizam tornam-se mais significativas e assim, mais importantes para serem vistas e observadas. Uma cidade viva se torna uma cidade valorizada e, assim, uma cidade também mais segura.

vida nas edificações significa ruas mais seguras

A vida nas ruas tem um impacto sobre a segurança, mas a vida ao longo da rua também tem um papel considerável. Áreas urbanas com diversidade de funções proporcionam, todo o tempo, mais atividades dentro e perto das edificações. Áreas habitacionais, em especial, significam boas conexões com os espaços comuns importantes da cidade e um reforço acentuado da segurança real e da percebida, mesmo à noite. Então, ainda que a rua esteja deserta, nas áreas residenciais, as luzes das janelas enviam um sinal reconfortante de que há pessoas por perto.

Aproximadamente sete mil residentes moram no centro de Copenhague. No final da tarde, em um dia de semana comum, no inverno, uma pessoa caminhando pela cidade percebe as luzes de cerca de sete mil janelas[25]. A proximidade das residências e dos moradores tem um papel vital na sensação de segurança. É prática comum entre os urbanistas misturar outros usos e habitações como estratégia de prevenção à criminalidade e assim aumentar a sensação de segurança ao longo das mais importantes ruas utilizadas por pedestres e ciclistas. A estratégia funciona bem em Copenhague, onde o centro da cidade tem edifícios entre cinco e seis andares e há um bom contato visual entre os moradores e o espaço da rua. A estratégia não funciona bem em Sydney. Embora quinze mil pessoas morem no centro da metrópole australiana, em geral, os moradores estão de dez a cinquenta andares acima do nível da rua – ninguém que viva em andares tão altos pode ver o que está acontecendo na rua.

espaços de transição suave significam cidades mais seguras

O projeto das áreas térreas das edificações tem um impacto imenso sobre a vida e o apelo ao espaço urbano. Os térreos são aquilo que vemos quando passamos pela frente das edificações. É também dos andares mais baixos que as pessoas, no interior das edificações, podem acompanhar o que acontece no lado de fora, e vice-versa.

Se os térreos forem agradáveis, suaves e, em especial, ocupados por usuários, os pedestres estarão cercados por atividade humana. Mesmo à noite, quando pouca coisa acontece nos cafés e nos recuos frontais, o mobiliário urbano, as flores, as bicicletas estacionadas e os brinquedos esquecidos constituem-se em testemunho reconfortante da vida e da proximidade com outras pessoas. À noite, a luz das janelas e vitrines de lojas, escritórios e moradias, ajuda a aumentar a sensação de segurança nas ruas.

Espaços de transição suave sinalizam às pessoas que a cidade é acolhedora. Por outro lado, em ruas comerciais onde, fora do horário comercial, as lojas são fechadas por portas metálicas, cria-se um sentido de rejeição e insegurança. As

a cidade viva, segura, sustentável e saudável   99

segurança e territórios

Parque Sibelius, um conjunto habitacional em Copenhague, colaborou com o Conselho Dinamarquês de Prevenção à Criminalidade ao, cuidadosamente, definir territórios privados, semiprivados, semipúblicos e públicos no local. Estudos posteriores mostraram que há menor criminalidade e maior segurança do que em conjuntos similares[26].

Reforçam-se a segurança e a habilidade para ler uma situação quando as estruturas sociais apoiam-se em claras demarcações físicas. Uma placa no limite urbano nos mostra que estamos entrando na cidade. Bairros também podem ser identificados por placas ou portões, como ocorre nas diversas Chinatowns em muitas cidades americanas. O mesmo pode acontecer com vizinhanças e ruas individuais com placas, portões ou portais simbólicos; e portões e placas de boas vindas podem identificar um conjunto habitacional, assim que chegamos.

A identificação e o detalhamento da estrutura e a sensação de filiação em todos os níveis mencionados auxiliam a reforçar a sensação de segurança tanto para grupos quanto para indivíduos. Os moradores da área pensarão: esta é minha cidade, meu bairro, minha rua, enquanto os visitantes pensarão: agora estou visitando outros indivíduos em suas cidades, seus bairros e suas ruas.

No campo de prevenção à criminalidade, o trabalho pioneiro de Oscar Newman sobre o "espaço defensável" mostra forte vinculação entre filiação territorial claramente definida e segurança. Ele propõe um argumento convincente para se trabalhar de forma consistente com hierarquias claras no planejamento urbano a fim de reforçar a segurança real e a percebida[27].

espaços de transição suave entre espaço público e privado, por favor

Também em pequena escala – sobretudo em relação às moradias individuais – esclarecer territórios e filiações é fundamental para o contato com outros e para proteger a esfera privada. À medida que são feitos esforços para dosar e amenizar as transições entre a área privada e a pública, com a construção de zonas de transição semiprivadas e semipúblicas, aumenta a probabilidade de contato entre as zonas, e os moradores ganham a oportunidade de controlar os contatos e proteger a vida privada. Uma zona de transição bem dimensionada pode manter os eventos a uma distância confortável.

Na seção anterior, discutiram-se conceitos de espaços de transição suave e sua importância para a vida na cidade. Enfatizou-se que as zonas de transição, terraços e recuos frontais podem contribuir decisivamente para vitalizar o espaço público. Estas zonas de transição entre a esfera pública e a privada devem ser cuidadosamente articuladas a fim de distinguir claramente o privado e o público.

Mudanças no piso, paisagismo, mobiliário, cervas vivas, portões e toldos podem demarcar onde o espaço público termina e onde começam as zonas de transição ou semiprivadas. Diferenças de altura, degraus e escadarias podem marcar a zona de transição, proporcionando um pré-requisito crítico para a importante função de espaço de transição suave como elo entre o dentro e o fora, entre o privado e o público. Apenas quando os territórios forem claramente demarcados, é que a esfera privada poderá sustentar o grau de proteção demandado pelas pessoas para fazerem contato com outras e, assim, contribuírem para a vida na cidade.

Um espaço de transição suave e nítidas distinções entre o território público, o semiprivado e o privado são boas oportunidades para marcar o local onde se vive e enfeitá-lo com suas flores favoritas (Almere, Holanda).

a cidade viva, segura, sustentável e saudável   103

cidades de pedestres e ciclistas como política de sustentabilidade

O gráfico de barras mostra diferenças dramáticas no consumo de energia das cidades em várias partes do mundo. Mostra também as oportunidades para um menor consumo de energia investindo-se mais em transporte coletivo e de bicicletas, como ocorre na Europa e na Ásia. Foto: Brisbane, Austrália, é uma das cidades que não eliminou as vias expressas junto ao rio – ainda!

Gasolina utilizada medida em gigajoule por habitante[28]

As bicicletas de Copenhague economizam 90.000 toneladas de CO_2 todo dia. O balão ilustra o volume de uma tonelada de CO_2.

O tráfego de pedestres e de bicicletas economiza muito espaço na cidade. As ciclovias têm espaço para cinco vezes mais tráfego do que as faixas de automóveis. A calçada tem espaço para vinte vezes mais transeuntes do que as faixas de veículos. Dez bicicletas estacionadas cabem facilmente dentro de uma vaga de estacionamento de carros.

104   cidades para pessoas

3.3
A cidade sustentável

clima, recursos e urbanismo sustentável

Há um crescente interesse no planejamento de cidades sustentáveis, e isso por uma boa razão. O esgotamento dos combustíveis fósseis, a poluição alarmante, as emissões de carbono e a resultante ameaça ao clima são grandes incentivos para tentar aumentar a sustentabilidade nas cidades do mundo todo.

O conceito de sustentabilidade tal como aplicado às cidades é amplo, sendo o consumo de energia e as emissões dos edifícios apenas uma das suas preocupações. Outros fatores cruciais são a atividade industrial, o fornecimento de energia e o gerenciamento de água, esgoto e transportes. Transporte é um item particularmente relevante na contabilidade verde, porque é responsável por um consumo massivo de energia, pelas consequentes emissões de carbono e pela pesada poluição. Nos Estados Unidos, o transporte responde por não menos que 28% das emissões de carbono[29].

Priorizar o pedestre e as bicicletas modificaria o perfil do setor de transportes e seria um item expressivo nas políticas sustentáveis em geral.

uma cidade para se caminhar e pedalar – um passo importante rumo a uma maior sustentabilidade

O tráfego de bicicletas e pedestres utiliza menos recursos e afeta o meio ambiente menos do que qualquer outra forma de transporte. Os usuários fornecem a energia e esta forma de transporte é barata, quase silenciosa e não poluente.

Para uma dada distância, a taxa relativa de consumo de energia do ato de pedalar em relação ao caminhar e a dirigir é de um para três para 60 unidades de energia. Em outras palavras, pedalar vai levar você três vezes mais longe do que caminhar, com a mesma quantidade de energia. Um carro consome sessenta vezes mais energia que pedalar e vinte vezes mais que caminhar.

o tráfego de bicicletas e de pedestres demanda menos espaço

O tráfego de bicicletas e de pedestres não lota o espaço da cidade. Os pedestres têm exigências muito modestas: duas calçadas de 3, 5 metros, ou uma rua de pedestres de 7 metros de largura podem acomodar 20.000 pessoas por hora. Duas ciclovias de 2 metros de largura são suficientes para 10.000 ciclistas por hora. Uma rua de duas mãos e duas faixas suporta entre 1.000 e 2.000 carros por hora (horário de pico).

Uma ciclovia típica transporta, portanto, cinco vezes mais pessoas do que uma faixa de automóveis. Em termos de estacionamento, em apenas uma vaga de automóvel há espaço para dez bicicletas. O tráfego de bicicletas e de pedestres economiza espaço e contribui positivamente para a contabilidade verde, porque reduz as partículas poluentes e as emissões de carbono.

bom transporte público e bom espaço urbano – dois lados da mesma moeda

Ser capaz de caminhar, esperar e viajar confortavelmente são aspectos importantes para a qualidade do transporte coletivo. A qualidade dos percursos a pé e pontos de parada confortáveis também são aspectos importantes (ponto de ônibus, San José, Costa Rica e usuários cotidianos de trem, Cidade do Cabo, África do Sul).

Abaixo: bonde em Freiburg, Alemanha, mostra os benefícios potenciais.

Além disso, uma maior atenção à movimentação de pedestres e bicicletas facilita a transição do tráfego de veículos para o de pedestres. Quanto mais pessoas caminharem e pedalarem, quanto maiores as distâncias percorridas a pé ou de bicicleta, maiores serão as recompensas para a qualidade total da cidade e do meio ambiente. Reforçar o tráfego de bicicletas, em particular, traz enormes benefícios.

desenvolver o tráfego de bicicletas abre perspectivas promissoras no mundo todo

A topografia, o clima e a estrutura urbana de muitas cidades do mundo poderiam simplificar esse desenvolvimento e baratear a introdução ou reforço do tráfego de bicicletas. Além disso, às muitas vantagens de seu uso, some-se o fato de que também aliviarão um pouco a sobrecarga dos transportes públicos.

Em Copenhague, por exemplo, a limitação do tráfego de veículos significou que os ciclistas, em 2008, responderam por 37% dos deslocamentos de e para o trabalho[30].

Em Bogotá, Colômbia, o tráfego de pedestres e de ciclistas foi reforçado como resultado de uma ampla política de tráfego, que exibia o imenso potencial que muitos países emergentes tinham para – com investimentos relativamente modestos –aumentar a mobilidade da grande maioria de seus habitantes, enquanto reduziam o impacto sobre o meio ambiente.

bom espaço urbano – pré-requisito crucial para um bom sistema de transporte público

Boa paisagem urbana e bom sistema de transporte público são dois lados da mesma moeda. A qualidade das viagens entre os pontos de ônibus e estações têm influência direta sobre a eficiência e qualidade dos sistemas de transporte público.

O percurso do domicílio ao destino e vice-versa deve ser visto em sua totalidade. Bons trajetos para pedestres e ciclistas e bons serviços nas estações são elementos essenciais – durante o dia e também à noite – para garantir conforto e sensação de segurança.

desenvolvimento orientado pelo transporte (TOD, Transit-Oriented Development)

Em todo o mundo, tem-se trabalhado sobre planos de desenvolvimento orientado pelo transporte (TOD), concentrando-se nas inter-relações entre as estruturas para pedestres e ciclistas e a rede coletiva de tráfego.

Cidades baseadas nesse método são construídas em torno de sistemas leves sobre trilhos, circundadas por empreendimentos de densidade relativamente alta. Essa estrutura é condição para oferecer um número suficiente de moradias e locais de trabalho localizados a uma razoável distância das estações, a ser percorrida a pé ou de bicicleta. Essas cidades compactas TOD, com curtas distâncias a pé e bom espaço público, garantem inúmeras outras vantagens ambientais como linhas de abastecimento curtas e reduzido consumo de áreas.

Antes da invasão dos carros, as cidades eram aglomerações funcionais desse tipo. O exemplo clássico, mais uma vez, é Veneza. O transporte público é gerenciado pelas balsas, que acomodam muitas rotas com frequentes paradas, criando uma rede de transportes muito bem interligada. Nenhum endereço na cidade está além de duzentos ou trezentos metros da parada mais próxima, caminhar ao longo das belas ruas e praças da cidade é parte importante do trajeto.

a cidade viva, segura, sustentável e saudável

sustentabilidade social

espaço urbano e sustentabilidade social

Sustentabilidade social é um conceito amplo e desafiador. Parte do seu foco é dar aos vários grupos da sociedade oportunidades iguais de acesso ao espaço público e também de se movimentar pela cidade. A igualdade é incentivada quando as pessoas caminham e andam de bicicleta, em combinação com o transporte público. Mesmo sem seus carros, as pessoas devem ter acesso ao que a cidade oferece e à oportunidade para uma vida cotidiana sem restrições impostas por opções ruins de transporte.

A sustentabilidade social também tem uma importante dimensão democrática que prioriza acessos iguais para que encontremos "outras pessoas" no espaço público. Um pré-requisito geral é um espaço público bem acessível, convidativo, que sirva como cenário atraente para encontros organizados ou informais.

necessidades básicas e sustentabilidade social

Com certeza, existem diferenças entre as necessidades e oportunidades das cidades ricas e pobres do mundo. Ressalte-se a ideia de que países bem desenvolvidos precisam aumentar sua tônica na sustentabilidade social, indispensável para criar uma cidade funcional e atrativa para todos.

Os problemas são bem mais urgentes nas sociedades urbanas de baixa renda, porque a lacuna entre ricos e pobres é muito grande, com a pobreza generalizada limitando as oportunidades dos grupos marginalizados da população. Encarar os problemas dessas sociedades requer novas prioridades de recursos, políticas urbanas visionárias e lideranças competentes como as demonstradas em Bogotá, Colômbia, por volta do ano 2000.

cidades vivas e sustentabilidade social

Os princípios subjacentes à criação de uma cidade viva também incluem planos para sustentabilidade social. A cidade viva tenta se contrapor à propensão das pessoas para se retirarem nos condomínios fechados e promover a ideia de uma cidade acessível, atraente para todos os grupos da sociedade. A cidade é vista como o que atende a uma função democrática onde as pessoas encontram diversidade social e compreendem mais o outro, por meio do compartilhamento do mesmo espaço urbano. O conceito de sustentabilidade também implica pensar nas gerações futuras. Também elas devem ser consideradas como comunidades em um mundo cada vez mais urbanizado. A cidade deve ser inclusiva, com espaço para todos.

Para alcançar sustentabilidade social, as tentativas das cidades devem extrapolar as estruturas físicas. Se a meta é criar cidades que funcionem, os esforços devem concentrar-se em todos os aspectos, do ambiente físico e das instituições sociais aos aspectos culturais menos óbvios, que pesam na forma como percebemos os bairros individuais e as sociedades urbanas.

a vida sedentária atrás do volante e da tela de um computador

Uma vida inativa atrás de um volante ou da tela de um computador pode rapidamente ocasionar sérios problemas de saúde. Em anos recentes, a obesidade tornou-se uma epidemia em países onde exercícios físicos não fazem parte da rotina diária.

Número de obesos na população adulta com mais de 15 anos[31]

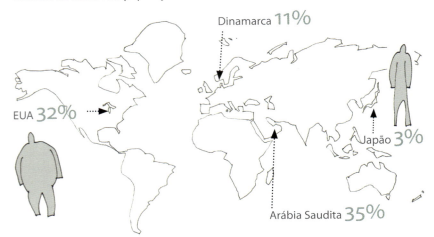

Onde o caminhar e o pedalar não fazem parte da rotina diária, as pessoas correm no intervalo do almoço.
Outra opção: Academias do tipo "Estacione & Transpire", com sete andares de estacionamento e dois andares de academia no topo do edifício (Atlanta, Geórgia).

110 cidades para pessoas

3. 4
A cidade saudável

bom espaço urbano – uma valiosa contribuição à política de saúde

A interação entre saúde e urbanismo é um tópico amplo. Nesta seção, o debate limitar-se-á à saúde e à política de saúde, relacionando-a ao trabalho na dimensão humana do urbanismo.

a vida sedentária atrás do volante e da tela de um computador

Inúmeras mudanças na sociedade no mundo desenvolvido levaram a novos desafios nas políticas de saúde. Em grande parte, o trabalho sedentário substituiu o trabalho manual do passado; os carros foram se tornando a principal forma de transporte e atividades simples, como subir escadas, são cada vez mais substituídas por escadas rolantes ou elevadores. Se acrescentarmos que grande parte do tempo que passamos em casa é gasto em uma poltrona, passivamente assistindo à TV, criamos um modelo no qual muitos indivíduos não têm a oportunidade natural de exercitar o corpo e gastar energia diariamente. Hábitos alimentares ruins, excesso de alimentação e comidas com gordura saturada também reforçam esse quadro.

Um após o outro, os países admitem que o problema atingiu proporções epidêmicas. A situação de obesidade epidêmica nos Estados Unidos dá um tom dramático à questão. Ano a ano, o problema piora e atinge os diversos estados. O número de indivíduos acima do peso no país tem sido praticamente constante desde a década de 1960, mas o número de obesos aumentou sobremaneira. Por definição, um obeso tem um índice de massa corporal (IMC) acima de 30, o padrão utilizado pela Organização Mundial de Saúde e outras entidades. Na década de 1970, um em cada dez americanos era obeso e no período entre 2000 a 2007, o índice subiu para um em cada três americanos[32].

O padrão para crianças é especialmente preocupante. Nas últimas três décadas, de 1980 a 2006, dobrou o número de crianças acima do peso, na faixa de seis a onze anos. Esse número triplicou na faixa de doze a dezenove anos[33].

Nos últimos dez anos, os problemas de saúde relacionados a estilo de vida atingiram outras partes do mundo com economias e sociedades similares. A questão da obesidade alastrou-se pelo Canadá, Austrália e Nova Zelândia, e surge em ritmo crescente em outras áreas como América Central, Europa e Oriente Médio. No Reino Unido, a obesidade atinge cerca de um quarto da população adulta, um terço no México e na Arábia Saudita[34].

É alto o preço da perda de atividade física como parte da rotina diária: a diminuição da qualidade de vida, um dramático aumento nos custos de saúde e uma menor expectativa de vida.

exercício físico como escolha

Proporcionar oportunidades para exercícios físicos e para algum tipo de autoexpressão é uma resposta lógica e valiosa aos novos desafios (esquiar na praça, durante o inverno em Copenhague; andar de skate em Nova York; universitários se exercitando como forma de compensar o tempo passado em automóveis, na Universidade de Miami; e cenas das ruas da China).

112 cidades para pessoas

a atividade física como causa, escolha e oportunidade de negócios

A solução desses novos desafios exige que o indivíduo vá atrás dos exercícios diários e desafios físicos que não fazem mais parte da vida cotidiana. Na Dinamarca, o esporte mais popular em 2008 era "correr" e, durante seu tempo livre, tais corredores invadiam parques e alamedas, contribuindo para o nível de atividade nas cidades. Outras pessoas escolhiam esportes organizados ou academias para exercitar-se e melhorar a qualidade de vida. Outros adquiriram equipamentos de academia e bicicletas e exercitavam-se em casa. A atividade física se espalhou e transformou-se em rotina cotidiana e também em um grande negócio.

Toda essa movimentação é lógica e boa para o indivíduo e para a sociedade, mas as soluções individuais e particulares também têm suas limitações. Exercícios feitos voluntariamente exigem tempo, determinação e força de vontade. Equipamentos e opções organizadas também têm um custo. Alguns grupos sociais e de mesma idade conseguem lidar com os desafios, mas muitos não têm tempo, dinheiro ou energia e, em geral, existem períodos da vida em que as pessoas não fazem tanto exercício quanto deveriam. Os "loucos por exercícios", em geral, são pessoas saudáveis e ativas, ao passo que os problemas decorrentes de pouca atividade física são comuns entre crianças e idosos e, surpreendentemente, até mesmo entre os jovens.

os exercícios físicos como parte natural da vida diária

Em face dos novos e velhos desafios, um importante aspecto da política de saúde, como um todo, está bem à mão. Por que não introduzir um convite amplo e bem concebido para as pessoas caminharem e pedalarem, tanto quanto possível em conexão com suas atividades cotidianas? É evidente que os estímulos devem incluir uma infraestrutura física na forma de percursos de qualidade para caminhadas e ciclismo, junto com uma ampla campanha informativa sobre as vantagens e oportunidades de se utilizar a própria energia pessoal para o transporte.

Recentemente, várias cidades, Copenhague e Melbourne entre elas, estabeleceram objetivos gerais que definiram mais especificamente as exigências de convites sinceros para o indivíduo caminhar e pedalar o mais possível, nas áreas urbanas novas e nas existentes. Em outras cidades como Nova York, Sydney e México há um trabalho em andamento no sentido de desenvolver a infraestrutura e a cultura da cidade para que o tráfego de pedestres e de bicicletas possa ocupar um lugar de destaque na rotina cotidiana.

Essas cidades priorizaram as benfeitorias, melhorando os percursos de pedestres com calçadas mais largas, assentando melhores pisos, plantando árvores de sombra, removendo obstáculos desnecessários das calçadas e melhorando os cruzamentos. O objetivo é tornar a caminhada simples, descomplicada e segura, a qualquer hora do dia ou da noite. Caminhar deve ser uma atividade prazerosa com espaços agradáveis, mobiliário urbano adequado, bons detalhes e boa iluminação.

Para os ciclistas, desde o ano 2000, milhares de quilômetros de ciclovias e faixas têm sido criadas no mundo todo, oferecendo uma forma rápida e tranquila de se locomover pelas cidades.

Em novas áreas urbanas, adotar uma política que convide as pessoas a caminhar ou pedalar poderia parecer uma perspectiva óbvia e factível, mas se o convite for real, serão necessários um pensamento inovador e novos processos de

a cidade viva, segura, sustentável e saudável   113

exercício físico como uma parte natural do dia a dia

Quando caminhar e se locomover de bicicleta são naturais na rotina diária, há efeitos positivos para a qualidade de vida e para o bem-estar do indivíduo – e benefícios ainda maiores para a sociedade.

planejamento. Afinal, há décadas, urbanistas do mundo todo estão acostumados a planejar exclusivamente para o tráfego de automóveis.

Estímulos categóricos para caminhar ou pedalar exigirão uma mudança na cultura urbanística. Os planos para novas cidades devem começar pelo projeto das ligações mais curtas e mais atrativas para pedestres e ciclistas, e só então acercar-se de outras necessidades de transporte. Essa prioridade de planejamento resultará em novos bairros mais compactos e com menores dimensões. Em outras palavras, será muito mais agradável viver, trabalhar e circular por esses novos bairros, do que pelos bairros construídos segundo os padrões convencionais de hoje. A vida deve vir antes do espaço, que por sua vez, deve vir antes das edificações.

Há um mote ligado à saúde que diz: "uma maçã por dia mantém a pessoa sadia" (*an apple a day keeps the doctor away*). Hoje, o conselho para uma vida mais saudável é caminhar dez mil passos por dia. Se as áreas urbanas, novas ou antigas, forem organizadas para atrair o tráfego de pedestres, ou uma combinação de pedestres e bicicletas que com facilidade poderia suprir as necessidades diárias de transporte, muitos problemas de saúde seriam reduzidos e tanto a qualidade de vida quando a qualidade urbana melhorariam[35].

Nas cidades antigas, quase todo o deslocamento era feito a pé. Caminhar era a forma de se locomover, de conviver, diariamente, com a sociedade e as pessoas. O espaço urbano era ponto de encontro, praça de mercado e espaço de locomoção, entre as várias funções da cidade. O denominador comum era andar a pé.

Em Veneza, é fácil caminhar dez, quinze ou mesmo vinte mil passos em um dia comum. Não se pensa nisso como uma grande distância em função da riqueza das impressões ganhas no trajeto e no belo espaço urbano. Simplesmente se caminha.

a vida na cidade, segurança, sustentabilidade e saúde, como política urbana integrada!

Um retrospecto sobre as discussões deste capítulo sobre cidades vivas, seguras, sustentáveis e saudáveis destaca a interligação dessas questões e as enormes oportunidades potenciais, para essas quatro áreas, em função do crescente interesse em relação aos pedestres, aos ciclistas e à vida urbana em geral.

Uma simples mudança na política urbana reforçará a qualidade urbana e os objetivos sociais mais importantes. Além de outros benefícios, um convite mais direto para caminhar e pedalar nas cidades pode ser feito de forma rápida e econômica. Seria visível, seria um sinal positivo e uma boa política para todos os usuários da cidade.

Entretanto, ações devem corresponder a palavras e boas estruturas físicas devem ser implantadas. E o mais importante, deve-se trabalhar sinceramente para convidar o cidadão a caminhar e pedalar nas cidades como parte de sua rotina diária. "Convite" é a palavra-chave e a qualidade urbana na pequena escala – ao nível dos olhos – é crucial.

Um elemento essencial em políticas de saúde seria fazer do caminhar e do pedalar opções óbvias nas cidades. Os benefícios são substanciais para o aumento da qualidade de vida e a redução dos gastos em saúde.

a cidade viva, segura, sustentável e saudável

4
A Cidade ao Nível dos Olhos

4.1
A luta pela qualidade se dá na pequena escala

a cidade ao nível dos olhos – a escala mais importante para o planejamento urbano

Em muitas cidades, principalmente nos países emergentes, é a necessidade que gera muito do tráfego de pedestres. Noutras partes do mundo, o número de pedestres depende apenas de o quanto as pessoas se sentem convidadas a caminhar.

A importância da qualidade da cidade independe de o tráfego a pé ser uma questão de necessidade ou convite. A boa qualidade ao nível dos olhos deve ser considerada como direito humano básico sempre que as pessoas estejam nas cidades. Na escala menor, a da paisagem urbana dos 5 km/h, é que as pessoas se encontram de perto com a cidade. Aqui o pedestre tem tempo para fruir a qualidade ou sofrer com sua falta.

Independentemente de ideologias de planejamento ou condições econômicas, a gestão cuidadosa da dimensão humana em todos os tipos de cidades e áreas urbanas deve ser um requisito universal.

caminhar, parar, sentar, ouvir e falar – um bom lugar para começar

Apresentamos aqui uma visão geral dos princípios do planejamento para a dimensão humana das cidades. O ponto inicial é simples: atividades humanas universais. As cidades devem propiciar boas condições para que as pessoas caminhem, parem, sentem-se, olhem, ouçam e falem.

Se tais atividades básicas, ligadas aos sentidos e ao aparelho motor humano, puderem ocorrer em boas condições, essas e outras atividades relacionadas deverão ser capazes de se desdobrar em todas as combinações possíveis na paisagem humana. De todas as ferramentas de planejamento urbano disponíveis, a mais importante é a escala menor.

Se, no dia a dia, a sala de estar de uma casa não funciona bem para quem mora ali, uma cidade e/ou conjunto habitacional bem planejado tampouco trarão muito consolo. Por outro lado, a qualidade da moradia e do espaço ao nível dos olhos pode ser, em si, decisiva para a qualidade de vida, apesar das deficiências de outras áreas de planejamento.

A consideração pelos sentidos diretos das pessoas é crucial para determinar se elas podem andar, sentar, ouvir e falar dentro de prédios, no bairro ou na cidade. A luta pela qualidade se dá na escala menor.

4.2
Boas cidades para caminhar

a vida acontece a pé

É um grande dia na vida de uma criança quando ela dá seus primeiros passos. Seu nível de visão sobe do ponto de vista do engatinhar (cerca de 30 cm do chão), para cerca de 80 cm de altura.

O pequeno caminhante pode ver mais e mover-se mais rapidamente. De agora em diante, tudo no mundo da criança – campo de visão, perspectiva, visão geral, ritmo, flexibilidade e oportunidades – vai ocorrer num plano mais alto e em velocidade maior. Todos os movimentos importantes da vida, daí para frente, serão experimentados em pé, quer a pessoa esteja parada ou caminhando.

A vida ocorre a pé (Lucca, Itália; Amã, Jordânia e Marraquexe, Marrocos).

Basicamente, o andar é um movimento linear que leva o caminhante de um local ao outro, mas é, também, muito mais que isso. Pedestres podem parar sem

a cidade ao nível dos olhos   119

caminhar com um propósito – e como um começo

Há mais no caminhar do que simplesmente andar.

esforço e mudar de direção, manobrar, acelerar ou reduzir a velocidade ou fazer outro tipo de atividade, como ficar de pé, sentar, correr, dançar, escalar ou deitar-se.

caminhar com um propósito – e como um começo

Uma caminhada pela cidade ilustra suas muitas variações: uma caminhada rápida com o propósito de ir do ponto A ao ponto B; o lento passeio para fruir a cidade ou um pôr do sol; o ziguezaguear das crianças; ou a decidida caminhada do idoso para pegar ar fresco ou exercitar-se ou fazer algo. Independentemente do propósito, uma caminhada pelo espaço urbano é uma espécie de "fórum" para as atividades sociais que acontecem durante o percurso, como parte integrante das atividades do pedestre. Cabeças voltam-se para os lados, os pedestres viram-se e param para ver tudo, ou cumprimentar ou falar com alguém. Caminhar é um meio de transporte, mas também um início potencial ou uma ocasião para outras atividades.

com qual velocidade?

Muitos fatores influem na velocidade do caminhar: a qualidade do percurso, a superfície, a quantidade de pessoas, a idade e a mobilidade do pedestre. O projeto do espaço também tem seu papel. Os pedestres normalmente andam mais rápido em ruas que convidam ao movimento linear, ao passo que seu ritmo cai quando atravessam praças. É quase como a água, que flui mais rapidamente ao longo das margens dos rios, mas se move lentamente nos lagos. O clima é outro fator. As pessoas andam mais rapidamente quando chove, venta ou faz frio.

Na principal rua de pedestres de Copenhague, a Strøget, a velocidade do tráfego de pessoas num dia frio é 35% mais rápida do que num dia bom de verão. No verão, há muitos pedestres passeando e desfrutando desse processo, enquanto o tráfego de pedestres no inverno é bem mais objetivo. Quando está frio, as pessoas caminham para aquecer-se. Em média, a velocidade de caminhada no verão é de 14, 2 min/km, o equivalente a 4, 2 km/h. No inverno, a velocidade é de 10,3 min/km, correspondendo a 5, 8 km/h[1].

Uma caminhada de 450 metros leva cerca de 5 minutos, enquanto uma caminhada de 900 metros leva cerca de 10 minutos a 5, 4 km/h. Naturalmente, tais estimativas valem somente para áreas sem aglomerações e sem obstáculos ou interrupções.

caminhar por quanto tempo?

A distância aceitável de caminhada é um conceito relativamente fluido. Algumas pessoas andam felizes por muitos quilômetros, enquanto para alguns idosos, deficientes ou crianças, mesmo curtas caminhadas são difíceis. A maior parte das pessoas está disposta a percorrer cerca de 500 metros. A distância aceitável, porém, também depende da qualidade do percurso. Se o piso for de boa qualidade e se o trajeto for interessante, aceita-se uma caminhada mais longa. Por outro lado, a vontade de caminhar cai drasticamente se o trecho for desinteressante e, assim, parecer cansativo. Nesse caso, uma caminhada de 200 a 300 metros parecerá muito longa, mesmo que leve menos de cinco minutos[2].

O tamanho dos centros das cidades confirma a distância de 500 metros como um objetivo aproximado de uma caminhada aceitável. A grande maioria dos centros das cidades tem um quilômetro quadrado, correspondendo a uma área de 1x1 km. Isso significa que uma caminhada de um quilômetro ou menos levará os pedestres à maior parte dos serviços.

Cidades gigantescas como Londres e Nova York têm padrões equivalentes, já que se dividem em vários centros e bairros. O tamanho mágico do centro de 1 km² também pode ser encontrado nessas cidades. A distância de caminhada aceitável não vai mudar só porque a cidade é grande.

espaço para caminhar

Uma condição importante para uma caminhada agradável e confortável é um espaço relativamente livre e desimpedido, sem necessidade de se desviar ou ser empurrado pelos outros. Crianças, idosos ou pessoas com deficiências têm necessidades especiais para que possam andar sem impedimentos. Pessoas com carrinhos de bebês, carrinhos de compras e andadores também precisam de mais espaço. Grupos de jovens são, em geral, mais aptos para andar em meio a grupos grandes.

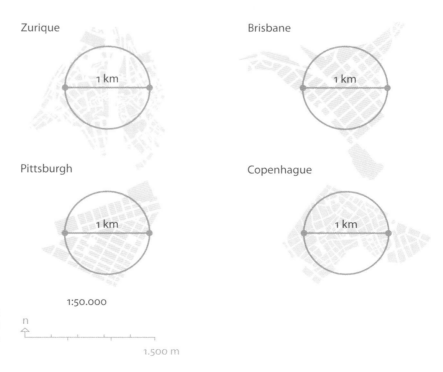

A maioria dos centros urbanos mede um quilômetro quadrado, o que permite aos pedestres alcançar todas os serviços urbanos andando um quilômetro ou menos.

a cidade ao nível dos olhos 121

espaço para caminhar

A placa numa rua da Polônia discretamente recomenda que as pessoas mantenham os braços junto ao corpo.

A alta prioridade dada ao tráfego e estacionamento de veículos criou condições pouco favoráveis aos pedestres de todo o mundo. Ter bastante espaço para caminhar é importante para todos os grupos, sobretudo para crianças, idosos e deficientes.

Se observarmos fotografias de cem anos atrás, vemos os pedestres se movimentando livremente e sem impedimentos em todas as direções. As cidades eram, essencialmente, o domínio dos pedestres e as carruagens puxadas por cavalos, os bondes e os poucos carros, meros visitantes.

Com a invasão dos carros, os pedestres foram empurrados, primeiro, contra as fachadas dos prédios e, depois, apertados em calçadas cada vez menores. Calçadas lotadas são inaceitáveis e são um problema no mundo todo.

Estudos feitos em ruas de Londres, Nova York e Sydney ilustram o problema das calçadas estreitas para grandes grupos de pedestres em ruas em que a maior parte do espaço é destinada aos carros, apesar de haver muito menos motoristas nas ruas que pedestres espremidos nas calçadas[3].

O tráfego de pedestres nas calçadas se move em grupos que são empurrados e todos precisam andar na velocidade ditada pelo fluxo deles mesmos. Os idosos, os deficientes e as crianças não conseguem manter o ritmo.

Vários limites têm sido propostos como espaço aceitável para a circulação de pedestres, dependendo do contexto. Com base em estudos em Nova York, William H. Whyte propôs até 23 pedestres por minuto para cada metro de calçada. Estudos em Copenhague propõem treze pedestres por minuto por metro de calçada, para que se evite uma concentração inaceitável de pedestres[4].

slalom para pedestres

Para que uma caminhada seja confortável, inclusive quanto às distâncias e ao ritmo aceitáveis, é preciso que haja espaço para andar sem muitas interrupções ou obstáculos. Muitas vezes essas qualidades estão presentes em áreas exclusivas para pedestres, mas são raras nas calçadas de muitas cidades. Pelo contrário, é impressionante observar quantos obstáculos e dificuldades foram incorporados à paisagem do pedestre no decorrer dos anos. Sinais de tráfego, postes de iluminação, parquímetros e todos os tipos de aparelhos de controle são sistematicamente colocados nas calçadas, para não "atrapalhar a rua". Veículos estacionados sobre a calçada ou em parte dela, bicicletas mal estacionadas, anúncios e placas dispostos desordenadamente completam o quadro, onde os pedestres precisam manobrar, como esquiadores descendo uma pista de *slalom*, para andar em uma calçada que, já de início, é estreita demais.

desvios irritantes e interrupções sem sentido

Caminhar na paisagem urbana pode trazer muitos outros pequenos aborrecimentos e dificuldades. Um deles são as grades que mantêm os pedestres confinados em calçadas lotadas. As barreiras colocadas nos cruzamentos para manter os pedestres longe das esquinas sempre estendem-se um pouco mais ao longo da rua, causando mais desvios e aborrecimentos.

Interrupções nas calçadas para facilitar o acesso dos carros a garagens, entradas, portas de serviço e postos de combustível foram se tornando parte natural da cena urbana em cidades dominadas por carros. Na Regent Street em Londres, entre 45.000 e 50.000 pedestres precisam abrir caminho, todos os dias, através de treze interrupções desnecessárias da calçada[5]. em Adelaide, sul da Austrália, as ruas da cidade têm nada menos do que 330 interrupções desnecessárias[6].

Quando andar parece uma corrida de obstáculos (Sydney, Austrália, e Middlesbrough, Reino Unido).

a cidade ao nível dos olhos   123

respeito pelos pedestres

Muitas cidades permitem que entradas, garagens e ruas laterais interrompam as calçadas. Entretanto, os carros deveriam dar passagem nas ruas laterais, para que pedestres e bicicletas continuem sem interrupção (Regent Street, Londres, e soluções de tráfego, em Copenhague).

caminhar em meio à aglomerações e esperar uma eternidade

Além dessas interrupções sem sentido, que forçam pedestres, cadeirantes e carrinhos de bebês a subir e descer calçadas em frente a garagens e portões, há outras interrupções desnecessárias, nos locais onde as ruas menores se encontram com as maiores. Em quase todas as situações citadas, a calçada deveria permanecer intacta, na frente de entradas e ruas laterais, como parte de uma política geral de convidar, em vez de desencorajar, o tráfego de pedestres.

A combinação de espaço inadequado com grandes e pequenos aborrecimentos é agravada pelas esperas sem fim nos semáforos dos cruzamentos. Normalmente, os pedestres têm baixa prioridade e assim enfrentam longas esperas em semáforos fechados e tempos muito curtos de semáforo aberto. A luz verde, muitas vezes, dura apenas alguns segundos antes de ser substituída pelo piscar da luz vermelha ou da amarela, que significa que é hora de se apressar para não atrapalhar o trânsito.

Em muitos lugares, sobretudo no Reino Unido e outras regiões influenciadas pelo planejamento de tráfego britânico, a travessia de ruas não é um direito humano básico, mas algo que os pedestres precisam pedir, ao pressionar um botão nos cruzamentos. Às vezes eles precisam pressionar três botões para vencer o complicado labirinto de cruzamentos. Nessas cidades, conseguir atravessar 450 metros em cinco minutos é pura fantasia.

O centro de Sydney tem muitos pedestres, cruzamentos, semáforos, botões e muitos períodos de espera. Aqui, o pedestre pode facilmente passar metade do tempo total de caminhada esperando o sinal de "siga"[7]. Esperas de até 15%, 25% ou até 50% do total da caminhada são comuns em muitas ruas de trânsito intenso em cidades do mundo todo.

Em comparação, o tempo de espera em uma caminhada de 1 km na principal rua de pedestres de Copenhague, a Strøget, é de 0 a 3% do total. Uma caminhada pela cidade, em Strøget, pode ser feita em 12 minutos, mas muitos demoram mais porque o percurso é muito interessante[8].

Outro fenômeno especial foi observado nas calçadas onde cruzamentos e semáforos causam paradas frequentes. Os pedestres deslocam-se em grupos e, portanto, estão sempre aglomerados, mesmo quando não há tantos pedestres assim.

Sempre que um fluxo de pedestres para num semáforo vermelho, os pedestres mais lentos alcançam o grupo mais rápido, e todos se aglomeram novamente. Quando o semáforo abre, o grupo avança, mas se dispersa um pouco até o próximo semáforo, quando se aglomeram de novo. Entre um grupo e outro, a calçada fica praticamente vazia.

Atravessar ruas deveria ser um direito humano e não algo que se precisa solicitar (pressionando botões, na Austrália, e uma informação gentil, na China).

a cidade ao nível dos olhos   125

linhas retas para caminhar, por favor

Nem arquitetos gostam de desvios (Escola de Arquitetura, Copenhague, Dinamarca).

A capacidade das pessoas de encontrar o caminho mais curto pode ser percebida na neve das praças e nos gramados das universidades (Praça da Prefeitura, Copenhague, Dinamarca, e Universidade de Harvard Cambridge, Massachusetts).

linhas retas para caminhar, por favor

Habitantes de cidades do mundo todo têm bastante consciência energética quando se trata de economizar a sua própria energia ao andar. Eles atravessam as ruas onde é mais natural para eles, evitam desvios, obstáculos, escadas e degraus, e preferem linhas retas para ir a algum lugar.

Quando os pedestres podem ver o objetivo da caminhada, eles redirecionam a rota para fazer o trecho mais curto. O prazer em seguir por linhas retas pode ser claramente visto nas praças da cidade, pelas marcas dos pés na neve ou nos incontáveis caminhos abertos pelas marcas de passos através de gramados e jardins de todo o mundo.

Andar em linha reta em direção ao destino é uma resposta natural, mas muitas vezes está em um quase cômico e infeliz conflito com as réguas dos arquitetos, que criam projetos urbanos em ângulo reto. A maior parte desses projetos parece bonita e correta, até que as esquinas, os gramados e as praças sejam pisoteados em todas as direções.

Em geral, é fácil prever quais serão as linhas preferidas pelos pedestres e incorporá-las, em grande medida, ao projeto paisagístico e dos edifícios. As linhas preferidas podem inspirar desenhos e formas fascinantes.

distância física e distância percebida

A distância que a maior parte dos pedestres considera aceitável é de quinhentos metros, mas essa não é uma verdade absoluta, já que o aceitável sempre é uma combinação de distância e qualidade do percurso. Se o conforto for baixo, a caminhada será mais curta, ao passo que se o percurso for interessante, rico em experiências e confortável, os pedestres esquecem a distância e fruem das experiências que ocorrem.

Abaixo à direita: mesmo uma caminhada longa parece mais curta numa rua curva cheia de coisas para se ver (Cartagena, Colômbia). Abaixo à esquerda: ao contrário, uma caminhada pode parecer infinita quando o trajeto tem uma longa e cansativa perspectiva, sem estímulos pelo caminho (Ørestad, Copenhague).

a cidade ao nível dos olhos   127

escadarias e degraus, não, obrigado

Subir escadas é mais difícil do que andar numa superfície plana e sempre que possível evitamos as escadas. Para muitos grupos da sociedade, as escadas são uma evidente barreira.

À direita: se pudermos ver uma escada até o seu final, a subida parecerá mais cansativa.

As pilhas de coisas para serem levadas para cima, no momento oportuno, mostram as escadas como barreira real e psicológica.

a psicologia da caminhada

A "perspectiva cansativa do percurso" descreve a situação na qual o pedestre pode ver o percurso todo desde o começo. O caminho é reto e parece infinito, sem a promessa de experiências interessantes no trajeto. A perspectiva é de cansaço mesmo antes de começar a caminhada.

Em contraste, o caminho pode ser dividido em segmentos viáveis, onde as pessoas podem andar de praça em praça, quebrando naturalmente a caminhada, ou ao longo de uma rua atraentemente sinuosa, que convida o pedestre a ir de um trecho a outro. Uma rua sinuosa não deve ter curvas fechadas demais, que impeçam o pedestre de ver muito à frente, mas deve constantemente levar a voltas e curvas de onde novas vistas se abram.

A principal rua de pedestres de Copenhague, a Strøget, com um razoável quilômetro de extensão, atravessa o centro da cidade quase que diretamente. Incontáveis curvas e voltas ao longo do caminho aproximam os espaços e os tornam interessantes. Quatro praças dividem o percurso e fazem com que o caminho através do centro da cidade seja psicologicamente viável. Caminhamos de praça em praça e as várias voltas e curvas tornam o caminho interessante e imprevisível. Nessas circunstâncias, uma caminhada de 1 km ou mais não é um problema.

coisas interessantes para se ver ao nível dos olhos, por favor

Os padrões das ruas, o projeto dos espaços, ricos em detalhes e experiências intensas, influem na qualidade dos percursos dos pedestres e no prazer de caminhar. Os "espaços de transição" das cidades também têm seu papel. Temos bastante tempo para olhar enquanto caminhamos e a qualidade das fachadas térreas pelas quais passamos ao nível dos olhos é particularmente importante para a qualidade do passeio. O capítulo sobre cidades vivas sugere "pequenas unidades e muitas portas" em ruas frequentadas por pedestres.

unidades estreitas, muitos detalhes e fachadas com ritmos verticais, por favor

O princípio de unidades estreitas e muitas experiências também é necessário em percursos de pedestres sem lojas ou bancas. Portas de entrada, detalhes construtivos, paisagismo e áreas verdes em frente a casas, escritórios e instituições podem contribuir bastante para que haja experiências interessantes no percurso.

Se os edifícios tiverem uma expressão de fachada essencialmente vertical, as caminhadas parecem mais curtas e mais viáveis, ao passo que prédios com linhas horizontais fortes ressaltam e reforçam a distância.

escadarias e degraus? não, obrigado

Escadarias e degraus pertencem à outra área que ilustra claramente o interesse dos pedestres em economizar energia. Deslocamentos horizontais não são grandes problemas. Se um telefone toca na sala ao lado, nós simplesmente nos levantamos para atender. Mas se o telefone toca em outro andar, gritamos para ver se alguém vai atender. Subir e descer escadas e degraus requer outro tipo de movimento, maior uso de músculos e o ritmo da caminhada passa a ser o de uma escalada. Esses fatores fazem com que seja mais difícil subir e descer do que andar no mesmo nível, ou então ser transportado mecanicamente para cima e para baixo. Em estações de metrô, aeroportos e lojas de departamento, as pessoas fazem filas para pegar as escadas rolantes, deixando as escadarias ao lado quase vazias. *Shopping centers* e lojas de departamento com muitos andares dependem de escadas rolantes e elevadores para levar as pessoas aos diferentes níveis. Se o transporte quebrar, as pessoas voltam para casa!

passarelas de pedestres

Passarelas são usadas como último recurso e apenas funcionam corretamente se os pedestres forem fisicamente impedidos de atravessar a rua no mesmo nível. À direita: em cidades japonesas, as passarelas são interligadas com outros sistemas maiores. Grau de dificuldade: alto. Chances de um passeio interessante: poucas (Sendai, Japão).

paralelepípedos irregulares e pedras planas

soluções apenas onde é preciso atravessar vias principais. Deve-se encontrar soluções para outras ruas e vias que permitam aos pedestres e às bicicletas permanecer no nível da rua e a atravessá-la com dignidade. Um modelo integrado de tráfego pode fazer com que as ruas urbanas sejam mais seguras e amistosas, conforme os carros andem mais lentamente e parem com maior frequência.

O mundo, hoje, está cheio de passarelas e passagens subterrâneas abandonadas. Elas pertencem a determinada época e filosofia.

É claro que a pavimentação tem um papel importante no conforto do pedestre. No futuro, a qualidade da pavimentação e das superfícies será essencial, para um mundo com mais idosos e pedestres com mobilidade reduzida, mais tráfego de cadeirantes e mais pessoas querendo levar crianças para a cidade. É

Paralelepípedos são cheios de personalidade, mas não ajudam muito o pedestre.

132 cidades para pessoas

passagens subterrâneas de pedestres

Durante muitos anos, os pedestres foram forçados a usar túneis para alcançar a principal estação de trens de Zurique, Suíça. Os túneis foram substituídos por travessias para pedestres ao nível da rua.

necessário ter superfícies niveladas e não escorregadias. Paralelepípedos tradicionais e cacos de pedra ardósia natural têm muita personalidade, mas raramente atendem às exigências modernas. Em locais onde o caráter das velhas pedras irregulares deve ser mantido, pode-se acrescentar faixas de granito liso, para permitir a circulação, com certo conforto, de cadeiras de roda, carrinhos de bebês, crianças pequenas, idosos e mulheres com saltos altos. Esse tipo de pavimento, combinando o velho e o novo, é usado em muitas cidades e pode ser um piso elegante em espaços públicos, ao mesmo tempo que presta uma homenagem à história.

todo dia, o ano todo, por favor

Uma boa cidade para se caminhar deve funcionar, sempre que possível, dia e noite, durante o ano todo. No inverno é preciso que a neve e o gelo sejam retirados e, para usar o modelo de Copenhague, as áreas para bicicletas e pedestres devem ser limpas antes das pistas para os carros. Nos dias frios, quando o piso está gelado, os pedestres correm um risco muito maior de se ferir do que os motoristas, que nessas situações dirigem devagar e com cautela. Em todo o mundo, em todas as estações, a garantia de um piso não escorregadio e seco para os pedestres é parte indispensável de um convite sincero às caminhadas urbanas.

A iluminação é crucial à noite. Uma boa iluminação sobre pessoas e rostos e uma iluminação razoável em cantos e recuos é necessária nas principais vias de pedestres, para reforçar a sensação de segurança, a real e a percebida; é preciso ainda haver iluminação nos pisos, superfícies e degraus, para que o pedestre possa se movimentar com segurança.

Por favor, caminhe todo dia, durante o ano inteiro.

4.3
Boas cidades
para permanecer

cidades pobres – cidades ricas

Há dois grupos principais de atividades que ocorrem no espaço urbano: atividades em movimento; e estacionárias.

Assim como as atividades em movimento, as estacionárias também cobrem uma ampla gama. A extensão e o caráter dessas atividades dependem em muito da cultura local e do nível econômico. Em muitas cidades de países emergentes, a maior parte é ditada pela necessidade. Todo tipo de atividade ocorre nos espaços públicos, e a pressão da necessidade externa significa que a qualidade do espaço urbano não influi muito na qualidade da vida urbana.

Em lugares de economia mais desenvolvida, a vida urbana, principalmente nas atividades estacionárias, é muito influenciada por atividades opcionais. As pessoas caminham, permanecem em pé e se sentam onde a qualidade do espaço urbano as convida para isso.

A qualidade é essencial para a vida urbana em cidades mais prósperas. Entretanto, há boas razões para atender e para se preocupar com as pessoas do mundo todo, quaisquer que sejam os recursos econômicos.

A seguir, vamos discutir os requisitos de boas cidades para a permanência do cidadão, tendo convites e qualidade urbana como pontos de partida.

atividades necessárias e opcionais

Atividades estacionárias podem ser descritas muito simplesmente numa escala segundo o grau de necessidade. Numa ponta da escala, encontramos atividades que não dependem, particularmente, da qualidade urbana: comércio de rua, limpeza e manutenção. Produtos são levados de um lado para outro, e as pessoas esperam pacientemente nos cruzamentos e pontos de ônibus. No outro lado da escala, estão atividades opcionais e recreativas, incluindo sentar em bancos, em cafés, para observar o movimento e acompanhar a vida da cidade. Aqui, a qualidade da situação, do tempo e do local, é decisiva.

uma boa cidade pode ser reconhecida pela quantidade de pessoas que não estão andando

A qualidade urbana é tão crucial para atividades opcionais que a extensão das atividades estacionárias pode ser usada como padrão para medir a qualidade da cidade, assim como de seu espaço. O fato de haver muitos pedestres numa cidade não necessariamente indica que haja boa qualidade urbana – muitos caminham porque não há opções de transporte suficientes, ou há grandes distâncias entre os vários serviços urbanos. Por outro lado, pode-se alegar que uma cidade onde muitas pessoas não andam a pé indica boa qualidade urbana. Numa cidade como Roma, o que chama a atenção é o grande número de pessoas em pé ou sentadas nas praças, e não andando. Isso não se deve à necessidade, mas

cidades pobres – cidades ricas

Atividades de permanência podem variar muito de um lugar para outro. Nos países emergentes, quase todas essas atividades são ditadas pela necessidade, enquanto nos países mais prósperos são mais recreativas e opcionais (Yogyakarta, Indonésia, e Roma, Itália).

por ser a qualidade da cidade muito convidativa. É difícil ficar andando numa cidade que tem espaços urbanos tão tentadores para se ficar. Em compensação, há muitos bairros e complexos habitacionais novos através dos quais as pessoas caminham, mas raramente param e ficam.

ficar parado em pé

Ficar parado em pé é, tipicamente, uma atividade de curta duração. Há limites para quanto tempo uma pessoa pode ficar parada em pé confortavelmente, e os requisitos de qualidade para o local são mínimos. Pedestres sempre podem parar por um momento para ver o que está acontecendo, olhar uma vitrine, ouvir

o efeito dos espaços de transição

Conhecidos como efeito do espaço de transição, os limites do espaço público exercem forte atração sobre as pessoas. Aqui, nossos sentidos podem dominar o espaço, estamos de frente para os eventos e nossas costas estão protegidas (exemplos de Nova Zelândia, EUA, Austrália e China).

artistas de rua, cumprimentar conhecidos ou simplesmente dar uma parada. Essas breves paradas podem ocorrer espontaneamente no espaço urbano sem que haja relação com localização ou conforto. O pedestre para e fica ali em pé se houver um problema ou se surgir algo atraente.

o efeito dos espaços de transição

A situação muda dramaticamente se os pedestres precisarem parar por um tempo maior. Eles precisam, então, encontrar um bom lugar para ficar. Se não souberem ao certo por quanto tempo ficarão, por exemplo, se esperam alguém ou algo, eles vão procurar, cuidadosamente, um bom lugar para ficar.

Sempre que as pessoas param um pouco, elas procuram lugares no limite do espaço, um fenômeno que pode ser chamado de "efeito dos espaços de transição". Quando ficamos nesses limites ou espaços de transição, não estamos no meio do tráfego de pedestres e podemos nos manter quietos e discretos. Os espaços de transição têm vários benefícios importantes: espaço à frente para ver tudo, as costas protegidas de modo que não surja nenhuma surpresa vinda por trás e bom apoio físico e psicológico. Podemos parar em nichos e reentrâncias e nos apoiarmos a uma parede. Muitas vezes o clima local nesses espaços de transição do espaço urbano é melhor porque, em certa medida, a pessoa está protegida dos elementos. Esse é um bom lugar para ficar.

A preferência por ficar nos espaços de transição está intimamente ligada a nossos sentidos e normas de contato social. O princípio de uma boa localização nesses espaços remonta a nossos ancestrais das cavernas. Eles sentavam-se com as costas para o fundo das cavernas e o mundo a sua frente. Mais recentemente, podemos ver esse fenômeno em salões de baile, onde as pessoas passam os intervalos entre as danças encostadas nas paredes. Quando estamos em casa, muitas vezes sentamos no sofá do canto.

O posicionamento ao longo desses espaços é mais relevante ainda nos espaços urbanos onde ficamos mais tempo entre estranhos, pois ninguém quer demonstrar que está esperando por algo ou alguém, sozinho. Se ficarmos de pé junto a uma fachada, pelo menos teremos algo em que nos apoiar.

Um espaço urbano sem essas transições oferece poucas condições para se ficar. É comum encontrar-se espaços de transição "soltos" num espaço maior, tipicamente cercado de tráfego pesado e sem contato com as fachadas próximas. O contato direto com construções em apenas um dos quatro lados de uma praça pode melhorar muito as atividades estacionárias, oferecendo oportunidades para o desenvolvimento de atividades diretamente na praça. Atividades nos térreos podem ajudar a fazer com que uma praça de travessia se transforme numa praça de estar.

O que muitos espaços vazios em novos conjuntos e cidades têm em comum é a falta de um trabalho cuidadoso para oferecer espaços de transição ativos e oportunidades de permanência. Literalmente, não há motivo para se permanecer ali.

o "efeito piano" ou o prazer de achar um apoio

Estudos de comportamento em recepções fornecem informações importantes sobre quais são os bons lugares para se ficar. Uma regra básica é que os convidados, principalmente os que chegam cedo, espontaneamente buscam para ficar lugares ao longo de paredes. Outro comportamento característico é o "efeito piano", que leva os convidados a procurar móveis, cantos, colunas ou nichos

a cidade ao nível dos olhos   137

algo em que se apoiar

Como todos, crianças, idosos, religiosos e leigos precisam de apoio prático e psicológico enquanto estiverem no espaço urbano (exemplos da Itália, Dinamarca e Guatemala).

dentro da zona de transição, que proporcionem apoio para sua permanência e ajudem a tornar o espaço um local bem definido, e não apenas junto à parede. Com um copo na mão, os convidados têm uma atividade. Com uma parede às costas, eles veem o local como seguro e despretensioso, e com um piano e uma coluna próxima não estão mais sozinhos, mas em boa companhia e no controle da situação.

Detalhes da fachada, mobiliário e equipamentos urbanos também oferecem pontos de apoio para permanência nos espaços de transição das áreas públicas. Frades, ou balizadores, como vemos na Piazza del Campo em Siena, são bons exemplos de função de apoio para a vida urbana. Várias das atividades nessa praça ocorrem perto, em torno ou junto desses balizadores. Em dias bonitos é impossível encontrar um deles que já não esteja sendo utilizado para algum tipo de apoio. Imagine o que aconteceria se todos fossem subitamente removidos: muitas das atividades desse espaço da cidade ficariam desabrigadas, o que provavelmente reduziria sobremaneira o nível de atividade.

Os espaços de transição da cidade são, potencialmente, zonas interessantes para se permanecer, mas é importante destacar que as zonas mais atraentes são aquelas onde o espaço de transição e os detalhes das fachadas trabalham juntos. Nem todas as fachadas convidam à permanência. Fachadas fechadas, lisas, sem detalhes têm o efeito oposto, indicando: "por favor, prossiga".

o efeito nicho ou o prazer de estar quase presente

Espaços de transição e detalhes de fachadas com colunas, degraus e nichos devem ser sempre considerados em contexto. Não basta que o espaço público tenha transições: elas devem oferecer detalhes que indiquem: "por favor, pare aqui e fique à vontade. "

Dentre os elementos das fachadas urbanas, os mais atraentes para se permanecer são "caves", nichos ou reentrâncias. É fácil encontrar apoio num nicho: há onde se apoiar, há proteção contra vento e chuva e uma boa visão do entorno. Uma atração fundamental é a chance que a reentrância oferece para uma aparição pública apenas parcial. Aí, o indivíduo tem a opção de se afastar e se tornar quase invisível, assim como pode mover-se à frente se algo interessante atrair sua atenção.

cidades para permanência têm fachadas irregulares e bons pontos de apoio

Na seção anterior mencionamos a psicologia de caminhadas e das escadarias. Esta seção sobre atividades estacionárias oferece observações semelhantes sobre sentidos e comportamento, fornecendo bases para recomendações sobre como reforçar as oportunidades para permanência. De forma bem simples, as boas cidades para se ficar têm fachadas irregulares e bons pontos de apoio. Em contraste, cidades sem espaço de transição ou com fachadas lisas, sem detalhes, têm pouco a oferecer em termos da "psicologia do permanecer. "

cidades para estar tem detalhes elaborados de fachadas

Nichos e aberturas nas paredes da cidade são particularmente atraentes para se ficar (exemplos da Espanha, Portugal, México e Canadá).

sentar-se

Quem precisa ficar por algum tempo em um espaço urbano vai se cansar de ficar de pé e vai procurar um lugar para se sentar. Quanto mais tempo pretender permanecer, mais atenção a pessoa terá ao escolher o lugar para ficar. Os melhores lugares sempre combinam muitas vantagens e poucas desvantagens.

onde estão os lugares atraentes para se sentar?

Uma escala de quatro pontos foi desenvolvida para avaliar a qualidade do espaço para se sentar, num estudo de 1990 sobre qualidade urbana no centro de Estocolmo[9]. Resumindo, os requisitos gerais para um bom espaço para se sentar são um microclima agradável, boa localização, de preferência nos espaços de transição, com as costas protegidas, boa visibilidade e um nível de ruído baixo, que permita conversas, e sem poluição. E, é claro, a vista. Se o local oferece atrações especiais como água, árvores, flores, bom espaço, boa arquitetura e obras de arte, a pessoa quer vê-las bem. Ao mesmo tempo, as pessoas querem uma boa visão da vida e das pessoas do lugar.

Estudantes de arquitetura também gostam de ficar ao longo de fachadas irregulares (Aberdeen, Escócia).

Naturalmente, vistas atraentes dependem das oportunidades do local, mas a vista da vida da cidade e das pessoas é a atração principal. Quando o clima local, a localização, a proteção e as vistas se unem, os locais para se sentar são o melhor dos mundos. Pensamos "este é um bom lugar para ficar, e posso permanecer aqui por um bom tempo."

Não é de se estranhar que os estudos de Estocolmo tenham mostrado uma intensa relação entre qualidade do sentar-se na cidade e o uso de certos locais. Locais para se sentar com pouco para oferecer foram pouco usados, com ocupação de 7 a 12%, enquanto bancos com muitas qualidades foram usados com mais frequência, com ocupação de 61 a 72%. O estudo, feito no verão em dias de tempo bom, também mostrou que os bancos da cidade são raramente ocupados.

Há sempre certo número de assentos vagos nos bancos de praça, seja porque alguém acabou de sair, seja porque as pessoas se espalham ou mantém certa distância entre indivíduos ou grupos.

No "banco com vista" mais popular de Sergelstorget, em Estocolmo, o tempo de espera por um assento vago, em torno do meio-dia, foi de 22 segundos. Entretanto, apesar da demanda por bons assentos, eles tiveram apenas 70% de ocupação. Assentos vagos nos bancos aumentam a impressão de conforto físico e psicológico. As pessoas querem se sentar perto de outras pessoas, mas não perto demais[10].

assentos primários e secundários

O conforto ao se sentar influi na escolha dos bancos e na duração da permanência. Uma seleção variada e ampla de assentos na cidade pode ser estabelecida com uma combinação de assentos secundários e primários. Os primários consistem no mobiliário em si, com encostos e braços: bancos, cadeiras isoladas e cadeiras de cafés. Em todos os casos, os encostos e braços só contribuem para o conforto se as pessoas permanecerem por algum tempo ou se um idoso precisar de apoio para se sentar ou levantar. O desenho das cadeiras também influi no conforto, claro, assim como os materiais e propriedades de isolamento e impermeabilidade dos assentos.

a cidade ao nível dos olhos   141

bons e maus lugares para sentar

Árvores, bancos e latas de lixo uniformemente distribuídos em uma praça não oferecem nem lugares confortáveis para permanência nem um ambiente visual agradável (Córdoba, Espanha).

Além de assentos primários confortáveis e bem colocados, muitas opções secundárias são necessárias, locais onde as pessoas possam se sentar, descansar e olhar em volta de modo mais informal e espontâneo. Pode-se usar uma grande variedade de objetos: pedestais, degraus, pedras, frades, monumentos, fontes ou o próprio chão. Em dias em que há alta demanda de bancos, os assentos secundários podem contribuir para o total de assentos da cidade. Opções secundárias têm a vantagem de, nos outros dias do ano, serem degraus, floreiras, etc., mas podem ser usadas como assentos quando preciso.

Antigamente, era comum que as construções e o mobiliário urbano fossem projetados para serem elementos belos na paisagem do pedestre, e também oferecer oportunidades para se sentar. Veneza tem poucos bancos, mas uma grande riqueza de elementos urbanos que atendem a essa função. "Toda a cidade é 'sentável'", afirma William H. Whyte, a respeito de Veneza, no filme *The Social Life of Small Urban Spaces*[11].

Esquerda: a localização e o design dos assentos são importantes para a qualidade dos convites para permanência. Os tubos de aço são uma solução mais arriscada (Japão).

Direita: o banco, ao longo da parede da casa e visitado por um raio de sol, convida à permanência (Espanha).

quem senta onde?

Em termos gerais, crianças e jovens podem se sentar em qualquer lugar ou em qualquer coisa. Conforto, clima e materiais não desempenham um papel significativo. Esses dois grupos normalmente dominam os assentos secundários da cidade. Adultos e idosos querem mais conforto e são bem mais cuidadosos ao escolher onde se sentar. Um mobiliário urbano confortável, de preferência com encosto e braços, assim como elaborado em materiais confortáveis, faz a diferença para que esses grupos optem por sentar-se num dado espaço urbano e ali permanecer por um tempo. Para que a ideia de espaço urbano para todos tenha algum significado, é importante oferecer boas acomodações para que idosos se sentem. Os jovens sempre dão um jeito.

encostos duros, assentos frios

Afirmamos, anteriormente, que paradas mais longas significam cidades mais vivas. A duração e extensão das permanências são cruciais para a vida urbana. Criar cidades socialmente viáveis para todos implica criar opções de permanência para todas as idades.

O bom espaço urbano deve oferecer assentos primários na forma de bancos e cadeiras, assim como muitas opções secundárias para se sentar: escadas, bases de estátuas, monumentos, etc. (escultura-banco em Copenhague, mobiliário urbano para recostar-se em Hafen City, Hamburgo e cenário para se sentar em frente à Opera de Sydney).

a cidade ao nível dos olhos 143

sem encosto ou com assentos frios

Muitos designers e arquitetos têm uma queda por bancos de pedra colocados decorativamente em frente aos edifícios. Entretanto, os usuários não partilham de sua afeição por esse tipo de mobiliário urbano.

Quando bancos desconfortáveis são colocados no meio do espaço urbano, uma boa ideia é colocar gente de bronze para garantir que alguém os use (Hasselt, Bélgica).

Eis outra área importante onde práticas arquitetônicas comuns estão em rota de colisão com princípios para a criação de espaços urbanos confortáveis e atraentes para se ficar. A preocupação com a vida urbana está totalmente ausente de considerações sobre a localização de bancos e a escolha de desenho e materiais. Os bancos ficam ancorados no meio do nada, longe dos espaços de transição, recantos e reentrâncias, e são muitas vezes projetados como plintos ou "caixões", combinando com blocos de concreto, mas não com as pessoas que poderiam se sentar neles. Mesmo que o mármore ou o granito envelheçam lindamente, é somente no sul de Barcelona que esses materiais frios são agradáveis para se sentar, e mesmo assim, somente em alguns meses do ano. E sem encosto, ninguém fica muito tempo.

cadeiras móveis

Como dissemos anteriormente, os assentos primários podem consistir de vários tipos de bancos, mas também de cadeiras móveis como as dos parques de Paris ou do Bryant Park em Nova York. Essas cadeiras móveis oferecem flexibilidade ao usuário, que pode aproveitar ao máximo o local, o clima e a vista, além de garantir uma valiosa oportunidade para que se organize o espaço social para situações específicas.

Outra vantagem é a simplicidade para se guardar as cadeiras móveis, conforme a estação. Cadeiras vazias deixadas ao ar livre em praças ou parques no inverno lembram balneários na baixa temporada.

ficar nas zonas de transição entre o espaço público e o privado

Até agora a discussão ficou centrada nos prazeres gratuitos dos bancos, cadeiras e detalhes de mobiliário oferecidos a quem caminhar pelo espaço urbano. Entretanto, opções privadas e semiprivadas ao longo dos espaços de transição do espaço urbano comum também têm impacto no nível total de atividade. Vários estudos sobre centros urbanos, ruas e áreas residenciais mostram que permanências em sacadas, terraços e jardins frontais que margeiam os espaços urbanos muitas vezes compõem o grosso de todas as atividades estacionárias[12]. Como esperado, as zonas de transição, às quais os usuários têm fácil acesso e podem mobiliar e compor, são usadas mais intensamente do que todas as outras opções da cidade. O grupo usuário é muito definido e a opção está bem à mão.

cappuccino, como pausa e como explicação

Dentre as atividades estacionárias nas zonas de transição do espaço urbano, os cafés de calçada têm um papel particularmente importante na paisagem urbana moderna. Nas últimas duas ou três décadas, o atendimento ao ar livre espalhou-se pelo espaço urbano.

Antes cafés de calçada eram exclusivos de cidades e culturas mediterrâneas, mas a ideia se espalhou pelas cidades mais desenvolvidas do mundo. Conforme seus moradores prosperavam e ganhavam mais tempo de lazer, o atendimento ao ar livre foi se espalhando, da Finlândia à Nova Zelândia, do Japão ao Alaska. Os turistas observaram a vida urbana recreativa nos cafés ao ar livre nos locais que

Cadeiras que podem ser deslocadas oferecem oportunidades flexíveis e confortáveis para permanência no espaço urbano (Praça da Prefeitura, Melbourne, Austrália, e Parque Bryant, Nova York).

a cidade ao nível dos olhos 145

4. 4
Boas cidades para encontrar pessoas

ver, ouvir e falar,
pré-requisitos em comum

Uma cidade boa para se encontrar é, fundamentalmente, uma cidade com boas oportunidades para três atividades humanas básicas: ver, ouvir e falar.

Os encontros na cidade ocorrem em vários níveis. Contatos passivos, oportunidades para ver e ouvir a vida na cidade, representam uma forma simples e não obrigatória de contato. Ver e ser visto é a forma mais simples e mais comum de encontro entre as pessoas.

Em comparação com o número de contatos visuais e auditivos, os encontros mais ativos e diretos compõem um grupo menor, porém versátil. Há encontros planejados, espontâneos e inesperados, cumprimentos, trocas verbais e conversas com conhecidos com quem nos deparamos pelo caminho. Alguém pede uma informação e alguém responde. Há conversas com amigos e conhecidos com quem se caminha pela cidade. Há conversas nos bancos, nos pontos de ônibus e, com certeza, com a pessoa ao lado, quando houver ocasião ou algo inesperado acontecer. Há eventos para se ver, músicos para ouvir e grandes eventos públicos como desfiles, festas de rua e passeatas para se observar ou participar.

Em suas várias combinações, as oportunidades para ver, ouvir e falar são condições prévias para a comunicação entre as pessoas na cidade.

uma boa visão é essencial

Observar a vida na cidade é uma das mais importantes atrações urbanas. Ver gente é uma atividade universal que ocorre constantemente quando andamos, paramos ou nos sentamos. O uso de bancos e outros tipos de assentos é estimulado desde que ofereçam uma boa visão das pessoas. A visão de outras atrações, como água, árvores, flores, fontes e arquitetura deve ser também parte das considerações dos urbanistas. A visão é ainda melhor se várias atrações puderem ser combinadas. O planejamento cuidadoso das vistas e das opções para se olhar deve ser parte do esforço feito para uma boa qualidade urbana.

linhas de visão desobstruídas,
por favor

Como a visão livre e desimpedida das atrações da cidade é tão vital, as linhas de visão devem ser tratadas de forma tão cuidadosa como as próprias vistas. Em muitas cidades, carros e ônibus estacionados, prédios mal localizados, outros itens e mesmo o paisagismo limitam a visibilidade.

Outro problema específico é a linha de visão de janelas e terraços nos prédios. Aqui, a vista é, muitas vezes, bloqueada por grades horizontais nas janelas, posicionadas bem ao nível dos olhos, impedindo que pessoas sentadas no interior das edificações tenham uma visão livre. Muitas vezes, gradis grossos nas sacadas e nos terraços impedem a observação da vida nas ruas de dentro das moradias. Para o arquiteto, o segredo é pensar no que pode ser visto do interior da edificação ao projetar esses detalhes. E, ao mesmo tempo, garantir que a privacidade das pessoas não seja invadida.

Aqui também é importante que as linhas de visão de quem está sentado, de pé e no nível das crianças sejam estudadas e incorporadas naturalmente aos projetos de prédios e ruas.

contato visual, para os prédios e de dentro deles

A necessidade do bom contato visual entre interior e exterior ao nível da rua já foi descrita em capítulo anterior. O contato visual entre as pessoas nos prédios, principalmente nos andares térreos, com o espaço público é indispensável para uma experiência intensa e para dar chances de contato a todos os envolvidos, dentro e fora da edificação.

Novamente, um cuidadoso planejamento é essencial para que experiências e contatos sejam sopesados em relação a considerações de proteção e privacidade. Lojas e escritórios poderiam funcionar com maior acesso visual. As lojas transparentes da Apple, em grandes cidades, demonstram como a vida na loja pode fazer parte da vida urbana. Por outro lado, muitas outras lojas, principalmente supermercados, ficam isoladas da vida urbana, hermeticamente vedadas com paredes de tijolos, vidros escuros e cartazes com anúncios, colaborando, assim, para o empobrecimento da experiência urbana. Outro fator ruim é o fechamento das portas e vitrines das lojas com pesadas portas de aço, após o horário de funcionamento. Isso faz as ruas parecerem mais inseguras e muito menos interessantes para se caminhar à noite e nos finais de semana, pois não há nada para se olhar ao longo dessas fachadas enclausuradas.

O contato visual entre exterior e interior das edificações aumenta as oportunidades de experiência – nos dois sentidos.

a cidade ao nível dos olhos   149

olhar para os prédios e de dentro deles

É preciso considerar as linhas de visão entre o exterior e o interior para que as pessoas possam olhar para fora, quer estejam sentadas ou de pé. Uma grande variedade de experiências visuais pode ser garantida sem comprometer o domínio privado.

Os guarda-corpos das sacadas dos conjuntos residenciais de Ralph Erskine são projetados para dar uma boa visão do nível inferior (Ekerø, Estocolmo, Suécia).

Um trabalho cuidadoso com linhas de visão garante bom contato visual entre o interior e o exterior desse conjunto residencial (Parque Sibelius, Copenhague; ver também p. 102).

abrir ou fechar

Vitrines de lojas fechadas ao longo da rua impedem o contato visual vital entre o exterior e o interior. As ruas têm pouco a oferecer aos pedestres, o que aumenta a sensação de insegurança à noite.

Acima à direita: vitrines fechadas em importantes ruas para pedestres em Londres, Inglaterra, e vitrines abertas em Melbourne, Austrália, onde uma política visionária garante pisos térreos ativos nas novas áreas construídas.

A resposta a esse fechamento problemático é, em geral, uma política urbana que garanta áreas térreas visualmente convidativas e ativas. Um bom exemplo é Melbourne, onde é obrigatório que 60% das fachadas dos novos prédios nas ruas principais sejam abertas e convidativas. Muitas cidades implantaram políticas semelhantes, de áreas térreas ativas, com bons resultados.

No caso de residências, muitos tipos de vedação parcial podem ser empregados para possibilitar o contato visual e, ao mesmo tempo, garantir que as pessoas não possam olhar para dentro. A proteção pode se dar por telas ou pelo paisagismo, ou pode manter os passantes à distância por meio de escadas, jardins e canteiros estrategicamente colocados. Ou então, o problema pode ser resolvido, de forma elegante, utilizando diferenças de altura, para que as residências particulares fiquem alguns degraus acima do nível da rua. Assim, tem-se uma bela vista da vida urbana, enquanto se garante que ninguém olhe para dentro.

ouvir e falar

Poder ouvir e falar são importantes qualidades no espaço público urbano, mas essas qualidades têm sido gradualmente relegadas a um segundo plano, com o aumento do nível de ruído do tráfego de veículos. A oportunidade de encontrar pessoas e conversar com elas na cidade, algo antes natural, passou a ser mais e mais difícil.

a cidade ao nível dos olhos

comunicação e nível de ruído

Um dos maiores problemas de qualidade nas cidades modernas é o nível de ruído alto e flutuante que impede conversas normais.

Em cidades para pedestres, como Veneza, o nível de ruído fica, normalmente, abaixo dos 60 dB; aqui, é fácil manter conversas mesmo através de grandes distância.

Uma caminhada pelas agradáveis ruas de Veneza e pelas ruas de tráfego intenso de Londres, Tóquio e Bangkok ilustra as mudanças dramáticas que ocorreram nos níveis de ruído das cidades. Esses passeios a pé também ilustram as qualidades que se perderam no processo.

O silêncio é perceptível desde o momento em que se desce a escadaria da estação de trens de Veneza. Subitamente é possível ouvir vozes, passos, pássaros e música. Em Veneza, em todos os lugares, pode-se ter uma conversa agradável e sossegada. Ao mesmo tempo, ouvem-se passos, risos, trechos de conversa, canções vindas de janelas abertas e muitos outros sons da cidade. Tanto a possibilidade de ter uma conversa como os sons da atividade humana são qualidades importantes.

Um passeio nas ruas de tráfego intenso é uma experiência totalmente diferente. O ruído de carros, motocicletas e, principalmente, ônibus e caminhões ricocheteia entre as fachadas, criando um nível de ruído contínuo que praticamente impossibilita a conversa. As palavras são gritadas e é preciso falar praticamente dentro do ouvido da outra pessoa, a distância de conversa deve ser reduzida ao mínimo e muitas vezes é preciso recorrer à leitura labial. Não só a comunicação efetiva entre as pessoas perde o sentido, como também o nível de ruído é um fator permanente de estresse.

Aos poucos, quem anda nessas ruas se acostuma tanto ao ruído que não pensa mais em como essa situação surgiu. Tampando um dos ouvidos, pode-se ter uma conversa gritada pelo celular.

Nessas cidades barulhentas, parques, ruas sem carros e praças são espaços onde ainda é possível ser ouvido. De súbito, é novamente possível ouvir o som de gente e de atividade humana. Músicos e artistas de rua ficam aglomerados em ruas de pedestres: sua atividade perde o sentido em outros lugares da cidade.

Dentre os mais significativos argumentos para reduzir o tráfego nas cidades ou pelo menos reduzir a velocidade dos carros, está a redução dos níveis de ruído, permitindo que as pessoas voltem a conversar.

comunicação e nível de ruído

Um nível de ruído de fundo de 60 decibéis (dB) é considerado o limite superior para uma conversa normal, variada, mantendo-se uma distância normal.

A cada aumento de 8 dB tem-se a sensação de que o nível de ruído dobrou. Em outras palavras, o ouvido humano percebe 68 dB como duas vezes mais alto que 60 dB, e 76 dB é percebido como sendo 4 vezes o nível de 60 dB[15].

A Escola de Arquitetura da Academia Real de Belas Artes da Dinamarca fez um estudo em Burano, um pequeno enclave de pedestres na Lagoa de Veneza, e em uma rua com tráfego intenso em Copenhague, que mostra a relação entre comunicação e nível de ruído na cidade de pedestres e na rua com tráfego[16]. Em Burano, a média do nível de ruído de uma rua local e da rua principal da cidade foi de 52 dB e 63 dB, respectivamente. Assim, o nível de ruído de fundo na rua principal é quase duas vezes o da rua local. Nas duas ruas o nível de ruído era bem constante.

Em ambos os espaços, com 52 dB e com 63 dB é possível ter conversas agradáveis e até bem à distância. As conversas podem acontecer sem inconveniência através dos canais ou entre pessoas nas ruas e as que estão nos andares superiores das casas.

Em Copenhague, o nível de ruído de fundo na rua com tráfego intenso foi de 72 dB com intensidade normal de tráfego, ao passo que o nível de ruído variou muito e pode chegar a 84 dB quando ônibus e caminhões grandes passavam. Os 72 dB representam um nível de ruído entre três ou quatro vezes o do ruído de fundo das ruas de pedestres. Poucas conversas podem ser mantidas nessa rua e elas são compostas de trocas rápidas de algumas poucas palavras e, em geral, apenas quando não há veículos barulhentos trafegando.

Níveis de 60-65 dB podem ser encontrados em espaços urbanos sem veículos, com alguma atividade humana, e representam a soma dos ruídos de muitos passos, conversas, crianças brincando, ressonância das fachadas de prédios etc.

paisagens para conversas

O mobiliário urbano pode dificultar ou mesmo impossibilitar as conversas. Ao contrário, pode também ser projetado e montado de modo a oferecer ricas oportunidades de conversação – como é desejável e necessário.

Em relação aos estudos de vida urbana feitos em Londres, em 2004, em Sydney, em 2007, e em Nova York, em 2008, foram encontrados níveis de ruído de fundo da ordem de 72 -75 dB, nas ruas de seus centros[17].

Nas três cidades observou-se dificuldade de manter uma conversa. Em Londres, sobretudo, a combinação de ruas relativamente estreitas, edifícios altos e os barulhentos motores a diesel dos ônibus urbanos produz um clima acústico que impede formas normais de conversa em grandes áreas da cidade.

paisagens para conversas

O mobiliário urbano pode trazer uma contribuição valiosa aos encontros no espaço das cidades. Bancos longos e retos, onde se senta lado a lado, podem ser adequados para se manter distância entre as pessoas.

Embora esses bancos possam ser bons para preservar o espaço privado e a distância, eles não ajudam a comunicação. É possível virar a cabeça e manter uma conversa, mas se houver um grupo, uma família com crianças e vários amigos que gostariam de conversar, por exemplo, os bancos lineares não são muito convidativos. Uma solução muito melhor é o agrupamento de bancos criando uma "paisagem para conversa".

O arquiteto Ralph Erskine (1914-2005) trabalhou, sistematicamente, em todos os seus projetos com "paisagens para conversa", colocando bancos em ângulo de frente a uma mesinha, de modo que as pessoas pudessem conversar e usar a mesa. Os bancos foram colocados num ângulo levemente aberto para que as pessoas pudessem sentar-se próximas, dando a opção de conversa ou a sós.

É possível encontrar ótimas "paisagens para conversa" em espaços urbanos onde as maiores atrações são, há anos, as cadeiras móveis. Dos parques de Paris, essa ideia espalhou-se para outros espaços urbanos, antigos e novos.

Não é de surpreender que blocos planos, sem apoio para as costas ou outro tipo de comodidade, estejam no fim da lista de opções para conversação.

Pode ser realmente frustrante para uma família tentar qualquer tipo de aproximação nesse tipo de caixote que, para piorar, costuma estar quase sempre situado no meio de um espaço afastado de fachadas de proteção.

O arquiteto deve ter pensado que os "caixotes" combinavam com a arquitetura, mas certamente em nada contribuem para encontros urbanos.

encontros musicais

A cidade também é um lugar de encontros para troca de música, performances, compartilhar talentos, desde um menino com uma flauta até a Banda do Exército da Salvação, ou o desfile dos guardas da Rainha tocando a pleno volume pela cidade. Todas essas, tipos coloridos e importantes de atividades no espaço urbano.

Nessa área, tenho uma confissão e alguma experiência pessoal que gostaria de partilhar. Por trinta anos, toquei trombone numa banda de jazz em festas de rua, carnavais, inaugurações de estações de metrô e concertos *gospel*. É fascinante tocar em vários locais da cidade e descobrir o quanto a música depende do espaço e do lugar. Uma grande área gramada absorve a maior parte do som, enquanto o vento espalha o resto em todas as direções, com resultados desapontadores. Em contraste, em praças ou ruas estreitas da cidade velha, a música subitamente ganha vida– principalmente se o espaço for dimensionado de acordo com os sentidos humanos. Aqui realmente podem acontecer verdadeiros eventos musicais!

a cidade ao nível dos olhos

4.5
Autoexpressão, jogos e exercícios físicos

novos tempos, novas atividades

O convite para que as pessoas se expressem, joguem ou se exercitem no espaço urbano envolve um tópico importante com o objetivo de criar cidades vivas e saudáveis. Esse tópico de cidades saudáveis é relativamente novo e reflete mudanças na sociedade.

a cidade como *playground*

Brincadeiras de crianças sempre foram parte integrante da vida urbana. No passado, as crianças brincavam onde os adultos trabalhavam ou realizavam suas atividades.

A cidade de Veneza não tem, na verdade, *playgrounds*. A cidade em si é um *playground*. As crianças sobem nos monumentos e escadarias, brincam junto aos canais e, se não tiverem um colega perto com quem brincar, sempre podem chutar uma bola para um dos pedestres que passam. Se uma criança chuta uma bola para o meio de um grupo de pedestres, sempre haverá alguém que vai chutar a bola de volta, e esse jogo pode levar horas.

O planejamento modernista exige parques infantis específicos: "por favor, brinque aqui". O conceito de espaços especiais para as brincadeiras de crianças foi se disseminando conforme as sociedades ocidentais sujeitam-se à especialização e a institucionalização, com escolas e programas fora do horário escolar, e pais ocupados que trabalham duro.

mais energia e criatividade

Ao mesmo tempo que os pais ficam cada vez mais ocupados no trabalho, eles também têm, paradoxalmente, mais tempo livre e, considerando-se uma perspectiva de vida mais ampla, bem mais tempo livre de fato. Isso gera a necessidade e energia para muitas atividades recreativas e criativas, que podem ocorrer nas áreas comuns da cidade. Muita criatividade está à solta na sociedade: as pessoas tocam música, cantam, dançam, jogam, exercitam-se e praticam esportes como nunca antes, nos espaços públicos.

O número de festivais, festas de rua, noites culturais, dias sem carro, desfiles, festas à beira-mar e eventos esportivos aumenta continuamente e esses eventos atraem muitas pessoas. Há tempo e energia disponíveis para que as pessoas se expressem.

em boa forma, por muitos anos

O número de idosos aumenta rapidamente e eles representam um grupo novo que precisa de estruturas que possam ser percorridas a pé. Eles precisam estar fisicamente ativos, fazer longas caminhadas, experimentar a caminhada nórdica, andar mais de bicicleta etc. A ideia é manter-se em forma a vida toda.

tem-se: vida em ambientes fechados – procura-se: vida ao ar livre e exercícios

Para a maior parte das pessoas, o trabalho mudou, tanto em termos do trabalho em si como do local e do transporte. A maior parte do trabalho é basicamente estacionária, os escritórios são artificialmente ventilados e as opções de trânsito normalmente restringem-se a sentar-se num carro ou trem.

Essa é uma mudança histórica dramática em relação aos dias em que o trabalho era fisicamente cansativo e executado ao ar livre, ou frente a janelas abertas, e o transporte era feito a pé ou de bicicleta. Não importa o quanto melhoramos, as cidades para que elas voltem a convidar as pessoas a andar ou pedalar mais, ainda precisaremos de pistas específicas e outras instalações onde as pessoas possam se exercitar e respirar ar fresco.

novas instalações para brincar e/ou boas cidades para o dia a dia

Frente a esses novos desafios, há uma forte tendência a realçar o novo e o especial. Equipamentos e instalações para jogos e muitos tipos diferentes de

As boas cidades têm em si oportunidades para brincadeiras e para autoexpressão. Muitas vezes, as soluções mais simples são as mais convincentes.

a cidade ao nível dos olhos   159

fixos, flexíveis e fugazes

Fixos
Espaço, mobiliário e disposição podem oferecer uma estrutura bem funcional para o dia a dia da cidade. Estruturas fixas convidativas são pré-requisitos essenciais (Piazza del Campo, Siena, Itália).

Flexíveis
Além das estruturas e atividades fixas, são também necessárias iniciativas e espaço para atividades especiais, que muitas vezes são sazonais (Festival de escultura no gelo em Nuuk, Groenlândia).

Fugazes
O espaço da cidade precisa ter lugares disponíveis para atividades importantes, mas de curta duração, como música de rua, ginástica matinal, desfiles, festivais e fogos de artifício (Pequim, China).

academias esportivas, pistas de caminhada e de *skate* e parques temáticos ambiciosos com desafios físicos têm sido criados para crianças e entusiastas do esporte. Assim como no caso de pedestres e ciclistas, precisamos oferecer convites para que as instalações sejam usadas. Elas promovem uma vida urbana saudável e agregam valor à vida nas cidades.

Entretanto, ignoremos por um momento as novas instalações mais espetaculares e inspiradoras para focalizar o principal objetivo deste livro: garantir melhores condições para caminhar e pedalar nas cidades, todas as horas de todos os dias do ano.

O esforço de oferecer melhores cidades para pedestres e ciclistas também significará, é claro, melhores condições para crianças, melhores oportunidades para idosos e um convite mais forte para que o exercício seja realizado em conexão com as atividades diárias na cidade. A oportunidade de praticar atividades criativas e culturais também será reforçada quando a "cidade cotidiana" for melhor para a atividade e a permanência humanas.

Pelo mesmo motivo, uma boa política urbana deve concentrar-se em melhorias para o espaço cotidiano comum, integrando alguns desafios e oportunidades para crianças, pessoas mais velhas e esportistas nesse espaço.

fixos, flexíveis e fugazes

Justamente os inúmeros novos desafios do espaço urbano, a maior criatividade e entusiasmo dos moradores e as muitas ideias sobre como garantir boas oportunidades para novas necessidades deveriam estimular os urbanistas a criar muitos espaços para grupos de idade e atividades específicos. Muitas boas ideias podem ser construídas e garantidas pelo estímulo a grandes projetos em áreas públicas para finalidades especiais. Assim, as instalações estarão prontas, caso alguém se interesse em utilizá-las.

Em vez de uma política enfatizando locais especiais para atividades específicas, a política urbana deveria se basear nos princípios do fixo, do flexível e do fugaz ou passageiro.

O elemento fixo é o espaço urbano, o arcabouço cotidiano da vida na cidade. Os elementos flexíveis são as instalações temporárias e eventos que podem ocorrer na cidade no decorrer do ano: natação e canoagem no porto no verão, rinques de patinação no inverno, feiras natalinas, carnaval anual, circo na cidade, semana de festival, e todos os outros eventos que podem ser estabelecidos rotativamente na cidade. E, finalmente, os elementos fugazes, são os eventos menores: festivais junto ao cais, fogos de artifício, concertos nas praças, parques de diversão, fogueiras de São João e assim por diante. No final da escala dos eventos fugazes, mas festivos, estão músicos, teatros e festas de rua, noites de poesia etc.

A estrutura básica deve estar montada (fixa) para que haja uma bem-sucedida política de criar cidades para pessoas, que devem ter um espaço bem dimensionado e convidativo e inspirar todos os tipos de atividades, flexíveis e fugazes.

Nos outros dias, será apenas uma excelente cidade.

4.6 Bons lugares, ótima escala

bons lugares,
e ótima escala, por favor

Não importa o quanto se estude o clima, a iluminação, o mobiliário e outros fatores essenciais da qualidade urbana ao nível dos olhos; o esforço pode ser quase inútil se a qualidade espacial, as proporções e as dimensões não forem cuidadosamente analisadas. A experiência de conforto e bem-estar nas cidades está intimamente ligada ao modo de estrutura urbana e o espaço da cidade se harmonizar com o corpo humano, seus sentidos, dimensões espaciais e escalas correspondentes. Se não houver bons espaços e boas escalas humanas, não existirão as qualidades urbanas cruciais.

onde os eventos querem acontecer

Na seção anterior, mencionamos a necessidade de bons lugares. Eventos, trocas e conversas ocorrem onde há lugares confortáveis e convidativos para se sentar e permanecer. A história da banda de jazz que descobriu alguns lugares excelentes e outros terríveis para tocar fala de qualidade e de qualidades acústicas e espaciais específicas que, às vezes, estão presentes e outras vezes, ausentes.

Quando toda a cidade atende à escala humana e aos sentidos (calçadão do porto, ilha de Hidra, na Grécia).

Bons lugares e ótima escala (Ginzan Onsen; Yamagata no Japão).

De cidade a cidade, o espaço e daí todos os cantos, nichos e recantos, as relações espaciais e as dimensões têm uma influência decisiva em nossa experiência de lugar e em nosso desejo de nos movimentarmos ou permanecermos bem ali.

a qualidade da escala
e do local no nível urbano

Se visitarmos cidades tradicionais, como Hydra, na Grécia, ou Portofino, na Itália, descobriremos que a cidade inteira se harmoniza com o corpo e os sentidos humanos. Com seu tamanho modesto e desenho semicircular, em torno da baía, essas cidades são dimensionadas por nossos sentidos. Podemos ver a cidade do outro lado do porto, o espaço urbano, todas as atividades e muitos detalhes de perto. A experiência é natural e espontânea.

a qualidade da escala
e do local no espaço urbano

É possível ter uma clara percepção de harmonia do espaço urbano fisicamente e através dos sentidos. Ao nos aproximarmos da Piazza del Campo em Siena, ou da Piazza Navona em Roma, temos a sensação de que "este é o lugar; cheguei". Em 1889, em sua famosa crítica das qualidades espaciais das antigas cidades italianas, Camilo Sitte descreveu a importância de dimensionar o espaço das cidades de acordo com suas funções e habitantes, assim como ter espaços fechados onde a linha de visão é interrompida pelas fachadas circundantes[18]. O dimensionamento dos espaços é um fator crucial para sua função como arcabouço das atividades humanas e para o bem-estar das pessoas.

a cidade ao nível dos olhos

4.7 Clima bom ao nível dos olhos, por favor

macroclima, clima local e microclima

Poucos tópicos tem maior importância para o conforto e bem-estar no espaço urbano do que o clima no local onde se está sentado, caminhando ou andando de bicicleta. O trabalho com clima e proteção climática concentra-se em três níveis: macroclima, clima local e microclima. O macroclima é o clima regional geral. O clima local é o clima das cidades e do ambiente construído, moderado pela topografia, paisagem e construções. O microclima é o clima numa zona atmosférica local. Pode ser tão pequeno como uma única rua, em reentrâncias e recuos, ou em torno de um banco no espaço público.

bom tempo, um dos critérios mais importantes

O bom tempo é um dos critérios mais significativos para garantir a facilidade da movimentação das pessoas nas cidades ou, pelo menos, o melhor tempo possível em função da situação, local e estação do ano.

O tempo é um dos tópicos preferidos de conversa em todos os lugares. Cartões postais de todo mundo mostram fotos de chuva impiedosa ou nevoeiro denso com legendas como "primavera, verão, outono e inverno" em Dublin, Bergen, Auckland ou Seattle. Os cartões muitas vezes concentram-se no tempo ruim e na preocupação geral com ele. Mas na maioria dos lugares, a maior parte dos dias é, de fato, bem amena. Há uma tendência ilusória geral de esquecer que a

A oportunidade de aproveitar o bom tempo é uma importante qualidade urbana (dia de verão, Reykjavik, Islândia).

168 cidades para pessoas

clima bom ao nível dos olhos, por favor

O clima e o conforto variam com as estações e com a localização geográfica. O sol é um grande atrativo em regiões temperadas, enquanto a sombra é uma qualidade apreciada nos climas mais quentes (acima à esquerda a praça da Paz Celestial, em Pequim, China; em busca de sombra na Austrália; e um dia de primavera na Dinamarca).

maioria dos dias não é assim tão ruim. Todos sabem quando o tempo está bom, e ele desperta sorrisos universais.

Na Escandinávia, quando o sol aparece e a brisa é suave, o humor geral melhora, as pessoas se cumprimentam com comentários sobre o tempo bom. Não importa se a temperatura é de -10C; quando o sol brilha e o vento é calmo, sempre é um dia bom nas latitudes nórdicas.

Implícito nessa satisfação está o fato de que o influxo de calor solar e a ausência de ventos frios significam que o microclima pode ser rapidamente levado a uma zona de conforto que convida a ir para o ar livre mesmo quando faz frio. Os esquiadores podem fazer longas paradas ao sol, junto a cabanas de esqui ou montanhas, ao abrigo do vento. O ar é frio, mas a temperatura que sentimos na pele é agradável.

a cidade ao nível dos olhos   169

o vento como um problema sério

Edifícios altos e isolados sempre criam problemas em regiões com correntes de vento, já que influem na sua direção e velocidade (condições do vento atrás do Monumento a Washington, em Washington D. C.).

Mesmo em dias relativamente calmos, as condições do vento perto de prédios altos podem ser muito desagradáveis para os pedestres (rua em frente a um arranha-céu, Copenhague, Dinamarca).

a zona de conforto

Vários fatores climáticos influem na sensação de conforto: temperatura do ar, umidade, vento frio e calor solar. Fatores pessoais como a roupa e a fisiologia básica também têm um papel. As camadas de gordura e o sistema circulatório do corpo humano variam conforme a região, influindo em nossa capacidade de manter ou irradiar calor. Essas diferenças significam que as zonas de conforto variam geograficamente, apesar de as diferenças serem pequenas.

A seguir, a discussão se baseia nas condições climáticas e em aspectos culturais relacionados ao clima que caracterizam a Europa central e setentrional. Condições de clima temperado equivalentes também são encontradas em várias partes da América do Norte, Ásia e Australásia.

Se o sol estiver forte, podemos manter o conforto sem usar roupas para proteção. Se o sol for mais fraco, precisamos de um suéter. Se o equilíbrio entre calor solar e ventos frios resultar num microclima mais frio, ainda ficaremos confortáveis se caminharmos, corrermos ou andarmos de bicicleta. Na Escandinávia, os meses de primavera trazem multidões de crianças para brincar ao ar livre, depois de um longo e escuro inverno. As crianças saltam, pulam corda, jogam bola, andam de patins e *skate*. Podem sentar-se confortavelmente em cantos com sol, mas, em locais abertos, precisam de movimento para se aquecer.

o vento é um problema sério perto de prédios altos

É característica dos macro e microclimas e do clima local serem muito diferentes em certas situações. O clima local no espaço urbano e nos parques pode ser quase agradável se houver abrigo de ventos e algum sol, mesmo quando ventos frios varrem as paisagens abertas.

Em zonas de clima temperado, onde as pessoas precisam se manter aquecidas e evitar a friagem, a proteção contra o vento frio tem um papel importante no clima entre as construções.

O vento age livremente em paisagens abertas, mas a velocidade do vento se reduz pela fricção com o terreno e com a paisagem. Ao longo do terreno, a velocidade do vento é ainda mais reduzida se houver muitas árvores e prédios baixos agrupados. Essa combinação muitas vezes cria tal fricção e os ventos rápidos e frios são desviados acima dos prédios, de modo que praticamente não há vento entre eles.

A fricção ao longo do terreno é a chave na minimização do efeito do vento. Um terreno plano dá ao vento mais campo de ação. Em contraste, a velocidade e o efeito de resfriamento do vento se reduzem dramaticamente, se o terreno for irregular, como no caso de matas ou cidades com muitas árvores e construções baixas.

Edifícios altos isolados têm o efeito contrário. Edifícios altos capturam os ventos rápidos a 30-40 metros, ao passo que uma complicada combinação de pressão alta e baixa pode fazer com que a velocidade dos ventos na base dos edifícios altos seja de até quatro vezes a da paisagem circundante. Isso faz com que o clima em torno dos edifícios altos seja consideravelmente mais frio, reduzindo drasticamente as condições de desenvolvimento de plantas –e de pessoas![19]

construindo com o clima

Na escala construtiva, os projetos têm sido cuidadosamente adaptados às condições climáticas locais, para reduzir influências inconvenientes e explorar os aspectos mais desejáveis do clima.

Em países com sol forte e temperaturas altas, as cidades apresentam ruas estreitas sombreadas e construções com paredes grossas e pequenas aberturas.

Climas mais frios exigem outra estratégia. Na Escandinávia, onde o ângulo do sol é baixo, ventos frequentes trazem ar morno do Oceano Atlântico, um dos motivos de ser possível se viver e cultivar nessa região.

As cidades antigas dessa região adaptaram-se a esse ângulo solar mais baixo e aos ventos quase constantes. As construções, tipicamente de dois a três andares, com tetos inclinados, são agrupadas. Ruas, praças e jardins são pequenos e as muitas árvores entre as construções dão sombra e abrigo.

construindo com o clima – ou apesar do clima

Construções de baixa densidade nas antigas cidades escandinavas são claramente funcionais para o clima local. Os ventos frios são desviados por cima dos telhados, enquanto o sol aquece a superfície de paredes e ruas. Essas condições fazem o clima se parecer com o de muitas centenas de quilômetros ao sul (Gudhjem, Dinamarca).

Prédios altos e isolados intensificam o vento e criam turbulência ao nível do chão. É frio e venta muito entre os edifícios, são necessárias cercas para impedir que a areia seja varrida de sua caixa. Ao nível dos olhos, o clima parece ter se deslocado centenas de quilômetros para o norte (área residencial com prédios altos, Landskrona, Suécia).

construir apesar do clima

Esse esquema significa que o vento é levado acima das cidades, deixando ruas e jardins quase livres dele. As construções baixas e os tetos inclinados permitem que os raios solares penetrem entre as construções, aquecendo a alvenaria e pavimentos de pedra, de modo que o microclima nos pequenos espaços urbanos é bem melhor do que na paisagem circundante.

Nessas cidades, é como se o clima local se deslocasse 1.000 km para o sul, e a vegetação, então, pode incluir figueiras, parreiras e palmeiras, que não cresceriam tão ao norte. O número anual de horas que podem ser passadas confortavelmente ao ar livre é duas vezes maior, nesses ambientes tradicionais, do que na região em geral[20].

Como já mencionado anteriormente, quanto mais tempo ao ar livre, mais viva a cidade. Condições ideais para a vida ao ar livre foram criadas nas antigas cidades escandinavas justamente devido à atenção dada ao clima local.

Considerando-se o papel chave exercido pelo clima na determinação da qualidade, prazer e conforto urbanos, é lamentável que a maior parte dos urbanistas não tenha sequer tentado garantir a melhor qualidade de clima natural no espaço urbano.

Em muitas regiões quentes, amplos sistemas viários, estacionamentos asfaltados e materiais de cobertura rígidos elevam a temperatura de alta para inaceitável, onde árvores, gramados, telhados verdes e pavimentação porosa poderiam tê-la reduzido. Em contraste, arranha-céus são construídos em regiões frias, e expostas ao vento, aumentando a velocidade do vento e esfriando o entorno dos prédios, tornando quase impossível a permanência ao ar livre.

guarda-chuvas em Veneza, Amsterdã e Roterdã.

Ventos do mar são uma constante em muitos países europeus junto à costa do Atlântico e do Mar do Norte, ou seja, Irlanda, Inglaterra, Escócia, oeste da Noruega e Dinamarca, além das costas francesa e holandesa ao longo do canal da Mancha. O vento não é tão onipresente em outras regiões da Europa.

Em Veneza, os pedestres usam guarda-chuvas como proteção contra a chuva, que, em geral, cai verticalmente. Em Roterdã, reconstruída após a II Guerra Mundial, o centro da cidade é dominado por arranha-céus e o clima reage de acordo com isso. Aqui, a chuva muitas vezes é horizontal em função dos fortes ventos que varrem as ruas em todas as direções devido aos altos edifícios. Em dias com vento e chuva, os pedestres que usam guarda-chuva estão em apuros. Em Roterdã, são as pessoas que protegem os guarda-chuvas, e não o contrário. O clima é bem melhor em Amsterdã, devido a uma estrutura urbana bem mais adequada. Ainda que o vento sopre livremente, ele em geral passa acima do centro da cidade, o que melhora em muito o arcabouço para a vida urbana.

Naturalmente, as construções, no mundo todo, devem se adaptar às condições locais para evitar um impacto negativo nos ambientes urbanos.

mais vento e menos sol – não, obrigado!
O exemplo de São Francisco

A localização de São Francisco, na costa do oceano Pacífico, significa que a cidade tem temperaturas mais baixas e mais vento do que a poucos quilômetros no interior. Pelo mesmo motivo, as atividades ao ar livre no espaço urbano dependem do sol e de abrigo, durante boa parte do ano. Quando ambos existem, São Francisco é uma cidade maravilhosa para se caminhar e permanecer.

No início dos anos de 1980, um plano urbanístico abriu a possibilidade de uma extensa construção de edifícios de altura elevada. Vários dos arranha-céus teriam criado mais sombra e mais ventos fortes nas principais ruas e praças, como em Chinatown.

Estudantes e pesquisadores da Universidade da Califórnia, em Berkeley, sob a supervisão do professor Peter Bosselmann, conduziram uma série de estudos mostrando como a vida urbana de São Francisco depende do sol e dos abrigos contra o vento. Vários experimentos-modelo documentaram que o novo plano da cidade traria sombras e aumentaria o vento em muitas das áreas-chave da cidade. Os problemas também foram ilustrados num documentário que usou em seu título a famosa frase de Mark Twain: "O inverno mais frio que eu passei foi um verão em São Francisco"[21]. A discussão local sobre a qualidade urbana, clima e novos arranha-céus resultou num referendo que perguntava simplesmente se os habitantes queriam uma cidade com menos sol e mais vento. Desnecessário dizer que a maioria não apoiou essa política, e o plano urbanístico adotado em 1985 estabeleceu requisitos para que novos ambientes construídos em áreas-chave da cidade não pudessem piorar o clima. Os novos prédios deveriam ser

a cidade ao nível dos olhos   173

baixos ou construídos em patamares, para que o sol pudesse alcançar as ruas, e os novos projetos deveriam passar por testes de túnel de vento para provar que os edifícios não causariam problemas de vento.

Na prática, essas novas leis significam que nenhum arranha-céu foi construído nas áreas regulamentadas do centro de São Francisco desde 1985. O caso de São Francisco documenta que é possível ter alta densidade de construção e ainda assim garantir um bom clima em torno de novos edifícios[22].

um planejamento climático cuidadoso em novas cidades

Os princípios e experiências de São Francisco podem ser usados com vantagem no planejamento de ambientes novos, tanto em áreas existentes como em novas áreas urbanas. Estudos devem ser feitos em cada região para determinar os fatores climáticos que influenciam o conforto e a permanência ao ar livre nas cidades. As novas construções devem contribuir para melhorar condições climáticas nos espaços urbanos próximos.

Para que as cidades convidem as pessoas para caminhar ou pedalar e desenvolvam áreas vivas e atrativas, o clima entre os prédios é uma das áreas-alvo mais importantes. O cuidadoso planejamento climático deve ser uma pré-condição para todos os novos edifícios.

um planejamento climático cuidadoso na menor das escalas

Independentemente do foco no planejamento climático nos planos urbanos e de desenvolvimento, sempre é possível melhorar o microclima, principalmente em torno de lugares para onde queremos convidar as pessoas para ficar, onde os requisitos de microclima são particularmente rigorosos.

Paisagismo, cercas-vivas e cercas podem dar abrigo exatamente onde for mais necessário. Há muita inovação e criatividade em todo o mundo, especialmente no interesse em aumentar a temporada dos cafés ao ar livre. Há bons argumentos econômicos para que as cadeiras dos cafés possam ser usadas o maior número de horas e de dias por ano.

Oslo, a capital da Noruega, bem ao norte, é um bom lugar para estudar a inovação e as considerações que possibilitam que as cadeiras dos cafés sejam usadas quase o ano todo, ao ar livre.

As áreas dos cafés são cercadas por paredes de vidro e cobertas com toldos, o aquecimento é fornecido por lâmpadas de calor, aparelhos elétricos, ou piso aquecido e as cadeiras são escolhidas cuidadosamente para que sejam de boa temperatura para sentar. Almofadas nos assentos e cobertores para as costas e pernas dos clientes completam o microclima local. Pode-se ficar nesses cafés por um longo tempo, apesar do vento e do tempo.

um cuidadoso planejamento climático em todos os níveis

Como a coisa mais natural do mundo, o macroclima e o clima local deveriam ser objeto de um cuidado muito maior em regiões frias, temperadas e quentes. Pode-se obter muitos benefícios em todos os níveis de planejamento e, portanto, também para o microclima que cria as condições necessárias para a dimensão humana.

Para que o convite para caminhar e pedalar nas cidades seja sincero, e se as pessoas realmente querem se inspirar e ser convidadas para fruir o tempo livre nas cidades, o microclima ao nível dos olhos deve ser o melhor possível. Há muito que pode ser feito e que não exige grandes investimentos, mas sim pré-requisitos precisos e muita consideração e atenção.

Nos anos de 1960, ninguém acreditaria que um dia haveria cafés ao ar livre nos países escandinavos. Hoje, seus assentos são usados cerca de dez a doze meses por ano. Novas necessidades e maior percepção em relação ao clima aumentaram muito o conforto e a duração da temporada ao ar livre (cena de novembro com almofadas e cobertores, Copenhague).

Abrigos contra o vento, toldos, lâmpadas de calor e almofadas nas cadeiras ajudam a criar um microclima aceitável nos meses de inverno (café de calçada em Oslo, Noruega).

4.8 Belas cidades, boas experiências

a preocupação com a qualidade visual deve incluir todos os elementos urbanos

Ao nível dos olhos, uma boa cidade oferece oportunidades para caminhar, permanecer, encontrar e se expressar, e isso quer dizer que ela deve ter uma boa escala e um bom clima. Essas condições de qualidade e objetivos desejados têm em comum o fato de lidarem com assuntos físicos e práticos.

Em contraste, o trabalho com a qualidade visual da cidade é mais geral. Trata principalmente do desenho e de detalhes de elementos individuais e de como todos os elementos se coordenam. A qualidade visual envolve expressão visual total, estética, *design* e arquitetura.

O espaço urbano pode ser projetado para que todos os requisitos práticos sejam atendidos, mas a combinação aleatória de detalhes, materiais e cores roubam sua coordenação visual.

Em contraste, o espaço urbano pode ser projetado com uma ênfase dominante na estética, mas negligenciar aspectos funcionais. Que o espaço seja belo e os detalhes cuidadosamente concebidos é uma qualidade em si, mas insuficiente se as condições básicas de segurança, clima e oportunidades para permanência não forem atendidas.

Os resultados são convincentes quando design e conteúdo se unem (Praça Fórum Pioneer, Portland Oregon).

176 cidades para pessoas

A inter-relação entre qualidades espaciais e funcionais foi tratada de forma convincente na Piazza del Campo em Siena, Itália, uma das razões para a praça ser um local de encontros há mais de setecentos anos.

Os aspectos importantes do espaço urbano devem ser interligados num todo convincente.

lugares 100%

Em seu livro *City: Rediscovering the Center* (Cidade: A Redescoberta do Centro, 1988), William H. Whyte introduz o conceito de local 100%[23]. Como o nome sugere, os locais 100% são espaços e localidades onde todas as qualidades importantes do espaço urbano estão presentes. Preocupações práticas com as necessidades dos usuários fundem-se com a preocupação com detalhes e a totalidade: é aqui que as pessoas querem estar.

Talvez a Piazza del Campo, em Siena, afamada em todo o mundo, tenha se tornado famosa justamente porque oferece essa rara combinação de qualidades. Todas as qualidades funcionais e práticas são atendidas de forma convincente. É segura e confortável para se andar, ficar, sentar, ouvir e falar. Além disso, todos os elementos foram fundidos num todo arquitetônico convincente, onde proporções, materiais, cores e detalhes reforçam e enriquecem as outras qualidades do espaço. A Piazza del Campo é um espaço urbano belo e funcional que, por setecentos anos, tem servido e continua a servir como a praça principal de Siena. A preocupação com a dimensão humana nunca perde a atualidade.

a celebração dos prazeres do lugar

Além do trabalho independente com espaço e detalhes, muitas vezes é possível fazer grandes melhorias de qualidade se um espaço urbano for projetado para destacar as qualidades especiais do local. Combinações novas e atraentes são possíveis quando o espaço urbano pode ser ligado diretamente a superfícies aquáticas e beiras de cais, quando o contato com parques, flores e paisagismo fica garantido, quando os espaços podem ser orientados perfeitamente em termos de clima local.

Diferenças de altura e topografia também oferecem boas oportunidades para valorização. Quaisquer diferenças em altura podem melhorar as experiências dos pedestres, em comparação a caminhar em superfícies planas. Surgem novas

arte no espaço da cidade – exemplo Melbourne

Fazer do espaço urbano uma galeria de arte contemporânea foi um dos objetivos da política de arte adotada em Melbourne, Austrália. Além das obras em exibição permanente, instalações e manifestações artísticas temporárias são acrescentadas à paisagem urbana, principalmente nas alamedas.

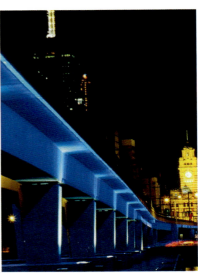

O tratamento artístico da luz é um elemento importante na política de arte da cidade (Melbourne, Austrália).

vistas e novas experiências. As ruas de São Francisco também estão cheias desse tipo de possibilidade, mas mesmo diferenças pequenas podem trazer emoção ao nível dos olhos.

As vistas de atrações próximas ou distantes também enriquecem o espaço urbano. Poder olhar um lago, o mar, a paisagem, ou montanhas distantes também é uma característica muito procurada para a qualidade do espaço urbano.

qualidade estética –
para todos os sentidos

Há um potencial inerente no trabalho com elementos estéticos e visuais. Para quem anda pela cidade, belos espaços, detalhes cuidadosamente planejados e materiais genuínos proveem experiências valiosas em si, e também acrescentam uma camada extra de valor para as outras qualidades que a cidade tenha a oferecer.

Naturalmente, praças e ruas também podem ser projetadas especificamente para oferecer experiências visuais. Aqui o design e detalhes do espaço têm um papel muito importante, que pode ser expandido e reforçado por um apelo a outros sentidos, como o uso, por exemplo, de ruído de água, neblina, vapor, impressões aromáticas e sonoras. A principal atração desses espaços não é apenas a vida da cidade, mas uma mescla de impressões sensoriais.

arte no espaço urbano

No decorrer da história, a arte fez contribuições valiosas para a qualidade do espaço urbano, através de monumentos, esculturas, fontes, detalhes de construções e decoração. A arte comunica beleza, monumentalidade, memória de eventos importantes, comentários sobre a vida em sociedade, os concidadãos e a vida urbana, junto com surpresas e humor. Agora, como sempre, o espaço urbano pode atender a uma função relevante como uma interface entre arte e gente.

Recentemente, em áreas centrais de Melbourne, esforços para combinar uma política de arte com uma política de espaço urbano servem como exemplo e inspiração. O objetivo é que o espaço comum da cidade sirva como galeria versátil para a arte contemporânea, para que quando os habitantes de Melbourne estejam na cidade, eles encontrem obras – cuidadosamente selecionadas e bem colocadas – de artistas contemporâneos de várias áreas. Uma política de arte com três áreas principais garante que as seleções sejam atuais e ricas em experiências. As três áreas enfocadas são obras em exposição permanente, obras temporárias e instalações, e uma ampla comunicação sobre arte com os moradores da cidade através de centros de arte. Ênfase especial é dada para as oportunidades interativas para crianças, sob o princípio: venha e aprenda mais sobre o que você vê na cidade.

A política urbana com ênfase em instalações e obras temporárias dá uma contribuição valiosa para uma seleção atrativa de experiências e imprevisibilidade. Junto às muitas ruas estreitas e arcadas da cidade, diferentes artistas decoram os espaços com intensidade, fantasia e humor, mas somente por um período limitado, de alguns meses. Depois outros artistas são convidados a trabalhar em outras ruas. Há sempre algo novo para se olhar, além de muitos comentários, surpreendentes e bem humorados, para se descobrir sobre o local, a cidade e a vida contemporânea.

Belas cidades são cidades verdes; quinhentas novas árvores ao ano são plantadas no centro de Melbourne, Austrália (Swanston street, em Melbourne, em 1995 e em 2010).

cidades belas, cidades verdes

Árvores, paisagismo e flores têm um papel fundamental entre os elementos do espaço urbano. As árvores fornecem sombra nos meses quentes de verão, refrescam e limpam o ar, definem o espaço urbano e ajudam a destacar pontos importantes. Uma grande árvore numa praça sinaliza: "aqui é o lugar". Árvores ao longo de alamedas ressaltam a sequência linear, e árvores que espicham seus ramos sobre a rua sugerem a presença de um espaço verde na cidade.

Além de suas qualidades estéticas imediatas, os elementos verdes da cidade têm valor simbólico. A presença do verde fala de recreação, introspecção, beleza, sustentabilidade e diversidade da natureza.

Depois de muitos anos durante os quais muitas árvores foram derrubadas para dar espaço ao tráfego, ou simplesmente morreram pela poluição ou por falta de condições de crescimento, houve, recentemente, um bem-vindo renascimento de elementos verdes nas cidades. Muitas vezes, os esforços para melhorar as condições de vida urbana e dos ciclistas se combinam com o plantio de novas árvores e com a expansão das áreas verdes urbanas. A cada ano, desde 1995, 500 novas árvores são plantadas nas ruas de Melbourne, como parte da política urbana de renovação. De acordo com um plano adotado em 2008, o objetivo da cidade de Nova York é plantar um milhão de novas árvores nos espaços públicos da cidade[24]. Os novos elementos verdes representam uma contribuição crucial para a qualidade de vida na cidade, reforçando o perfil desejado de Nova York como metrópole verde sustentável.

cidades belas, também à noite

A iluminação do espaço urbano tem grande impacto na orientação, segurança e qualidade visual durante a noite.

Muitas estratégias diferentes de iluminação são usadas, em todo o mundo. Um extremo são algumas cidades americanas que abandonaram a iluminação pública sob o pretexto de que os carros as iluminam durante a noite. Desnecessário dizer que, normalmente, essas áreas são tão escuras quanto um túmulo, e que não há muito que esperar após o pôr do sol.

Vários princípios são empregados em áreas que usam iluminação. Muitas cidades têm abordagens pragmáticas e funcionais. Os princípios de iluminação mudaram durante os vários períodos de construção e expansão urbana, deixando para trás muitos tipos de luminárias e de lâmpadas, o que resulta, normalmente, numa cena urbana visualmente caótica quando a noite cai.

Outras cidades adotaram uma abordagem consciente em relação à iluminação, reconhecendo o grande impacto que ela tem na qualidade urbana, assim como seu potencial como meio de expressão artística independente.

Em Melbourne, a iluminação urbana é parte natural da política geral da cidade "Luz Como Arte".

Lyon, na França, é outro bom exemplo de uma cidade que adotou uma política bem pensada de iluminação artística que leva em conta tanto a disposição como a cor da iluminação.

Inovações valiosas nos trabalhos com a aparência visual do espaço noturno também podem ser vistas nos espaços urbanos. Um bom exemplo é a praça da prefeitura em Sankt Pölten, Áustria (1995-1997), que emprega luz indireta refletida e uma disposição de iluminação que varia conforme a época do ano e com os eventos que acontecem na praça.

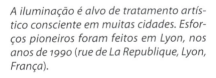

A iluminação é alvo de tratamento artístico consciente em muitas cidades. Esforços pioneiros foram feitos em Lyon, nos anos de 1990 (rue de La Republique, Lyon, França).

Água, névoa, vapor, materiais, cores, superfícies, luz e som em muitas combinações podem contribuir para uma diversidade atraente de impressões sensoriais no espaço urbano.

last but not least

Os critérios para uma boa qualidade urbana em paisagens para pedestres estão resumidos na lista de doze pontos de palavras-chave na página 239. O ponto 12 fala de experiências sensoriais positivas. A razão para listar esse ponto por último é que a qualidade visual é um conceito guarda-chuva que deve incluir todos os elementos da paisagem urbana. Esta posição também representa uma ênfase consciente de que a qualidade visual não garante, por si só, a qualidade urbana, mas que as boas cidades, ao nível dos olhos, são criadas quando os doze critérios de qualidade são todos trabalhados ao mesmo tempo.

Para que as cidades funcionem e convidem as pessoas a fruí-las, sob todas as circunstâncias, os aspectos físicos, práticos e psicológicos devem ser bem tratados e, depois, melhorados através do trabalho em suas qualidades visuais.

Essa conexão é enfatizada porque, apesar de muitos projetos terem um bom desenvolvimento dos aspectos visuais, eles negligenciam outras qualidades mais pragmáticas.

Em todo o mundo, há exemplos de distritos e áreas urbanas onde considerações visuais e estéticas dominaram unilateralmente o projeto. Talvez esses projetos e espaços urbanos sejam publicados em revistas de arquitetura, mas, no mundo real, esses espaços urbanos em geral funcionam mal ou simplesmente não funcionam, porque a preocupação-chave pelas pessoas e pela vida no espaço público está ausente neles.

Todos os critérios de qualidade devem fazer parte das deliberações, sempre.

4. 9
Boas cidades para pedalar

os ciclistas como parte
da vida urbana

Os ciclistas representam um tipo diferente e uma forma mais rápida de tráfego a pé, mas em termos de experiências sensoriais, vida e movimento, eles são parte do resto da vida urbana. Naturalmente, ciclistas também são bem-vindos para apoiar a promoção de cidades vivas, seguras, sustentáveis e saudáveis.

A seguir, tratamos do planejamento urbano para ciclistas de forma relativamente minuciosa e em relação direta com a discussão da dimensão humana no planejamento.

embora muitas cidades sirvam –
há bem poucas cidades boas para
bicicletas

Em todo o mundo há várias cidades onde bicicletas e o tráfego de bicicletas não é uma proposta realista. É muito frio e gelado para bicicletas em algumas áreas, quente demais noutras. Em alguns lugares, a topografia é montanhosa e íngreme demais. Nessas condições, o tráfego de bicicletas não é uma opção realista. Mas há surpresas como São Francisco, onde se pode pensar que andar de bicicleta é impraticável devido aos morros. Entretanto, a cidade tem uma cultura ciclística forte e dedicada. A bicicleta também é bem popular em algumas das mais frias e das mais quentes cidades do mundo, porque levando em conta todos os fatores, mesmo aí, ao longo do ano, existem muitos dias bons para pedalar.

O fato é que um bom número de cidades de todo o mundo tem estrutura, terreno e clima adequados para andar de bicicleta. Ao longo dos anos, muitas dessas cidades adotaram políticas de circulação que priorizaram o tráfego de automóveis e fizeram com que andar de bicicleta fosse perigoso ou totalmente impossível. Em alguns lugares, o tráfego de carros até mesmo impede o surgimento do tráfego de bicicletas.

Em muitas cidades, a circulação de bicicletas continua a não ser muito mais do que conversa de políticos, e a infraestrutura ciclística consiste, em geral, de trechos de vias desconectadas aqui e ali, em vez de ser objeto de uma abordagem genuína, honesta e útil. O convite para pedalar está longe de ser convincente. Em geral, nessas cidades, somente de 1 a 2% das viagens diárias para a cidade são feitas em bicicletas, e esse tráfego é dominado por jovens atléticos em *bikes* de corrida. Existe um vazio entre essa situação e a de uma cidade dedicada às bicicletas, como Copenhague, onde 37% do tráfego de e para o trabalho ou escola é feito em bicicletas. Aqui, o tráfego de bicicletas é mais calmo, as bicicletas são mais confortáveis, a maior parte dos ciclistas são mulheres e esse tráfego inclui todas as faixas etárias, de jovens estudantes a idosos.

ciclistas — parte da vida na cidade

Ciclistas que cruzam a cidade fazem parte da vida urbana. Eles também podem, com facilidade, passar de ciclistas a pedestres.

Numa época em que os combustíveis fósseis, a poluição e problemas com clima e saúde tornam-se cada vez mais um desafio global, parece um passo óbvio priorizar o tráfego de bicicletas. Precisamos de boas cidades para pedalar e existem muitas grandes cidades onde melhorar a sua circulação seria simples e barato.

uma política ciclística sincera

As cidades que, nas últimas décadas, têm promovido o tráfego de bicicletas podem dar boas ideias e condições para que uma cidade seja adequada para tal tráfego. Copenhague é um exemplo convincente de uma cidade cuja antiga tradição ciclística foi ameaçada pelos automóveis nos anos de 1950-1960. Entretanto, a crise do petróleo dos anos de 1970 foi o catalisador de uma abordagem que estimulava as pessoas a pedalar mais. E a mensagem foi entendida: hoje, as bicicletas são parte considerável do tráfego urbano, e ajudaram a manter a circulação de automóveis num nível bem inferior ao de outras grandes cidades da Europa ocidental. As experiências de Copenhague são usadas a seguir, para oferecer uma plataforma de discussão sobre o que é uma boa cidade para bicicletas.

uma rede ciclística de porta a porta

Em Copenhague, um sistema ciclístico coeso, envolvendo toda a cidade, foi gradativamente criado. O tráfego é tão calmo nas pequenas ruas laterais e residenciais, nas zonas de 15 a 30 km/h, que uma rede de ciclovias não é necessária, mas todas as principais ruas têm uma. Na maior parte das ruas, essa rede consiste de ciclofaixas ao longo das calçadas, com a utilização de meios-fios como limite com a calçada, assim como com faixas de rolamento e de estacionamento. Em alguns lugares, as ciclofaixas não são delimitadas por meios-fios, mas marcadas com faixas pintadas do lado interno da linha de estacionamento de carros, para que estes protejam as bicicletas do tráfego motorizado. Na verdade, esse sistema é conhecido como "sistema de ciclofaixas ao estilo de Copenhague".

bicicletas em uma política integrada de transportes – exemplo Copenhague

O tráfego de bicicletas deve ser automaticamente integrado numa estratégia global de transporte. Se for possível levar bicicletas em trens, metrô ou táxis, as viagens podem ser combinadas a distâncias maiores (exemplos de Copenhague, Dinamarca).

Outra ligação com o sistema de bicicletas da cidade são as ciclovias verdes, que são rotas exclusivas para bicicletas através de parques da cidade e ao longo de vias férreas desativadas. Essas vias são destinadas a bicicletas em trânsito e são vistas como uma oportunidade suplementar, uma possibilidade de passear e uma opção verde para bicicletas. Entretanto, o principal princípio da política para bicicletas é que estas tenham espaço em ruas comuns, onde, assim como todos os outros, seus donos precisam ir a lojas, residências e escritórios. O princípio é fazer com que o tráfego de bicicletas seja seguro de porta a porta em toda a cidade.

Conseguiu-se ainda um bom espaço para essa rede ciclística abrangente, através da redução do tráfego de carros. Espaços para estacionamento e pistas de rolamento foram gradualmente reduzidos, conforme o tráfego de carros foi sendo reduzido e o de bicicletas aumentou e elas, portanto, precisavam de mais espaço. A maior parte das avenidas de quatro pistas da cidade foi convertida em ruas de duas pistas, com duas ciclofaixas, duas calçadas e uma larga ilha central para facilitar a travessia de pedestres. Foram plantadas árvores nas laterais e a circulação tem mão dupla, como antes.

As ciclofaixas foram implantadas ao longo das calçadas, na mesma mão que o tráfego de carros, e estão sempre à direita, o lado "lento" do tráfego de automóveis. Assim, todos sabem, mais ou menos, onde estão as bicicletas, o que torna o sistema mais seguro para todos.

bicicletas como parte de um conceito de transporte integrado

O convite para pedalar implica que o tráfego de bicicletas esteja integrado na estratégia geral de transportes. É preciso criar condições para levar bicicletas nos trens e metrôs, e de preferência também em ônibus urbanos, para que seja possível viajar combinando bicicleta e transporte público. Os taxis também deveriam poder levar bicicletas quando necessário.

Outra importante ligação em um sistema integrado de transporte é a possibilidade de estacionar bicicletas com segurança em estações e terminais. É também preciso ter boas opções de estacionamento para bicicletas ao longo das ruas em geral, em escolas, escritórios e residências. Novos edifícios industriais e de escritórios deveriam incluir estacionamento para bicicletas, vestiários e chuveiros para ciclistas como parte normal de seu programa.

uma rede segura para bicicletas, por favor

Segurança no trânsito é um elemento crucial para as estratégias gerais em relação a bicicletas. Uma rede de ciclovias coesa protegida por meios-fios e carros estacionados é um primeiro passo importante. Outra preocupação-chave é a segurança, percebida e real, nos cruzamentos. Copenhague está trabalhando em várias estratégias. Grandes cruzamentos têm faixas especiais para ciclistas feitas de asfalto azul e ícones com bicicletas para lembrar aos motoristas que tomem cuidado com os ciclistas. Os cruzamentos também têm semáforos especiais, que mostram luz verde para o cruzamento de ciclistas cerca de seis segundos antes de abrir para veículos motorizados. Caminhões e ônibus precisam ter espelhos especiais que possibilitem que vejam as bicicletas e sempre há campanhas na mídia alertando os motoristas de que devem ter atenção com os ciclistas, principalmente nos cruzamentos.

a cidade ao nível dos olhos   185

uma confortável rede

Ciclovias razoavelmente largas, proteção de meios-fios, travessias para bicicletas nos cruzamentos, sinais de tráfego especiais que ficam verdes seis segundos antes do que para os carros, e as "ondas verdes" que garantem que as bicicletas possam atravessar a cidade sem interrupções, fazem parte dos elementos da bem-sucedida política para bicicletas em Copenhague.

Quando neva, as ciclofaixas são limpas antes das ruas para automóveis.

O programa de bicicletas públicas já foi introduzido em várias cidades europeias, entre elas Paris, onde se emprega um sistema diferente do de Copenhague. Ali, no sistema Vélib ("vélos en libre-service"), as bicicletas públicas são usadas principalmente pelos próprios parisienses. Ao se alugar uma Vélib por hora, semana ou ano, pode-se pedalar à vontade sem ter o trabalho de guardá-la ou mantê-la. As empresas de aluguel de bicicleta cuidam desses detalhes em troca de taxas.

Durante 2008, o sistema Vélib de Paris foi aumentado, incluindo agora 20.000 bicicletas de aluguel estacionadas em 1.500 bicicletários. Em um prazo muito curto, as bicicletas Vélib passaram a ser um serviço bem utilizado, principalmente para viagens curtas: de 18 minutos em média. Aqui a ideia é permitir que ciclistas mais ou menos experientes, que conheçam o local, andem de bicicleta numa rede que não é nem muito segura nem bem desenvolvida. Apesar de alguns acidentes, o programa teve um resultado importante, já que agora mais pessoas pedalam em bicicletas próprias ou alugadas. Num único ano, dobrou o número

A ideia de oferecer bicicletas para empréstimo ou aluguel espalhou-se rapidamente (Lyon, França).

por uma nova cultura ciclística

de viagens em bicicletas pessoais, um aumento que, sem dúvida, foi inspirado e reforçado pelo tráfego desse meio de transporte e pelo uso das novas Vélib. Em 1980, as Vélib responderam por um terço de todas as viagens de bicicleta em Paris e, no total, as bicicletas responderam por cerca de 2 a 3% de todo o tráfego em Paris[27].

Inspirados pelo caso de Paris, entre outras cidades, muitos novos sistemas estão em implantação agora, mesmo em cidades que não têm infraestrutura nem cultura ciclística. A ideia parece ser a de que bicicletas públicas facilmente acessíveis podem estimular o desenvolvimento de mais cidades com bicicletas, considerando que primeiro se veem pessoas conduzindo bicicletas públicas e depois se desenvolvem redes ciclísticas seguras e confortáveis. Há boas razões para se ter cautela ao permitir a circulação de ciclistas inexperientes em cidades onde o tráfego de bicicletas e as ciclofaixas ainda não atingiram uma massa crítica que permita que o próprio uso de bicicletas reforce seu desenvolvimento. O tráfego de bicicletas e a segurança de tráfego devem ser levados a sério, e experiências de boas cidades ciclísticas devem ser incorporadas antes de se experimentar com campanhas de bicicletas baratas, de aluguel. As bicicletas públicas devem ser um elo nos esforços para se construir e reforçar a cultura ciclística, não sua ponta de lança.

Várias cidades, principalmente na Escandinávia, Alemanha e Holanda testemunharam um grande desenvolvimento do uso da bicicleta nos últimos anos. O número de ciclistas e de viagens cresceu gradualmente, à medida que andar de bicicleta tornou-se mais seguro e prático. Pedalar passa a ser a melhor forma de se deslocar pela cidade. O uso de bicicletas passa, gradualmente, de um grupo de ciclistas entusiastas que desafiam a morte para um movimento popular envolvendo todas as faixas etárias e camadas da sociedade, de deputados a prefeitos, de aposentados a escolares.

O tráfego de bicicletas muda dramaticamente de caráter nesse processo. Quando há muitas bicicletas e muitas crianças e idosos entre elas, o ritmo é mais lento e seguro para todos. Bicicletas de corrida e equipamentos para a Volta da França são substituídos por bicicletas mais confortáveis e roupas comuns. O ciclismo, deixa de ser um esporte e um teste de sobrevivência e passa a ser um modo prático de andar pela cidade – para todos.

A passagem de uma cultura de viagens rápidas e perigosas de bicicleta, desafiando os carros e com muitas infrações às leis de trânsito, para um fluxo bem comportado de crianças, jovens e idosos pedalando numa rede ciclística bem definida tem um impacto grande na percepção da sociedade do uso de bicicletas como alternativa genuína e um complemento razoável a outros meios de transporte. A mudança nessa cultura também alinha a bicicleta com os pedestres e a vida urbana em geral, e é mais um motivo para que as bicicletas tenham um lugar natural neste livro sobre a vida urbana.

da cultura do carro
para a cultura da bicicleta

As cidades são maravilhosamente inovadoras em seus esforços de alargar a cultura da bicicleta e demonstrar que esta é uma escolha óbvia para quase todos. As escolas oferecem treinamento intensivo, empresas e instituições competem para ver quem tem a maior porcentagem de ciclistas entre seus empregados e promovem-se campanhas de informação, semanas ciclísticas e dias sem carros.

Em Nova York, 300 km de novas ciclofaixas foram construídos entre 2007 e 2009. Na mesma ocasião, foi implantado um amplo programa para difundir a ideia de pedalar entre os nova-iorquinos. As "ruas de verão" sem carros foram implantadas nos meses dessa estação para que os moradores da cidade pudessem experimentar o prazer de caminhar e pedalar tranquilamente (Park Avenue, Manhattan, verão de 2009).

Agora, muitas cidades, aos domingos, abrem suas ruas para os ciclistas, em campanhas para desenvolver essa cultura. O domingo é um bom dia por dois motivos: o tráfego de carros é reduzido e as pessoas normalmente têm mais tempo para se exercitar e experimentar. A ideia de fechar ruas da cidade para os automóveis, transformando-as temporariamente em ciclovias, é popular nas Américas do Sul e Central há anos. O amplo programa de ciclovias em Bogotá, Colômbia, é uma das iniciativas mais bem conhecidas e desenvolvidas desse tipo.

Nesses anos pós-virada do milênio, a ideia de reforçar o tráfego de bicicletas espalhou-se para mais e mais cidades, cujo planejamento vinha sendo dominado pelos carros havia décadas.

Ambiciosas estratégias foram desenvolvidas para implantar extensas redes de ciclovias nas grandes cidades australianas de Melbourne e Sydney. Urbanistas de ambas as cidades têm trabalhado para projetar novas pistas para bicicletas e afastar do tráfego as ciclofaixas existentes, colocando-as em pistas mais seguras ao estilo de Copenhague, onde as bicicletas utilizam o lado de dentro da fila de carros estacionados. Os urbanistas de Nova York trabalham em um novo plano de tráfego que transformará a cidade em uma das metrópoles mais sustentáveis do mundo.

A densidade de construções de Nova York, o terreno plano e as ruas largas oferecem boas oportunidades para converter o tráfego de automóveis em tráfego de bicicletas, e uma nova rede de 3.000 km/h de ciclofaixas está sendo implantada nos cinco distritos: Manhattan, Bronx, Queens, Brooklin e Staten Island. A criação das novas ciclofaixas começaram em 2007 e já durante o biênio 2007-2008 implantou-se um quarto das ciclofaixas previstas, com um aumento nítido do tráfego de bicicletas. A ideia de fechar ruas ao tráfego de veículos aos domingos, o que a cidade chama de "ruas de verão", foi introduzida em 2008 como um elo bem popular na cadeia de esforços para desenvolver uma nova cultura ciclística.

No futuro, a preocupação com sustentabilidade, mudança climática e saúde irá, com certeza, significar que cada vez mais cidades, como Nova York, dupliquem seus esforços para desenvolver uma nova cultura para a vida e os deslocamentos urbanos. O aumento no tráfego de bicicleta é uma resposta óbvia para muitos dos problemas que as cidades do mundo todo enfrentam.

bicicletas nos países emergentes

O uso de bicicletas tem um papel importante no tráfego geral de muitas cidades de países emergentes. Entretanto, o tráfego de bicicletas, em geral, se dá em condições ruins e perigosas. As pessoas usam a bicicleta por necessidade e, muitas vezes, a mobilidade individual é essencial para chegar ao trabalho e ganhar a vida.

Em muitas cidades, bicicletas ou ciclorriquixás cuidam do grosso do transporte de pessoas e mercadorias. Daca, em Bangladesh, tem 12 milhões de habitantes, e os 400.000 ciclorriquixás da cidade garantem transporte barato e sustentável, bem como uma renda modesta, porém vital para mais de um milhão de pessoas.

tráfego de bicicletas e desenvolvimento urbano – obstáculo ou oportunidade?

Muitas das cidades com intenso tráfego de bicicletas têm também, infelizmente, forças que trabalham para reduzir esse tráfego em favor de mais espaço para os veículos.

Em Daca, por exemplo, os "bicitáxis" são considerados um problema para o desenvolvimento da cidade. Pequenas motocicletas substituíram bicicletas em

As bicicletas têm um papel importante para o transporte e a mobilidade em muitos países emergentes.

muitas cidades da Indonésia e Vietnã. Há poucas décadas, as grandes cidades chinesas eram famosas por seu volume de ciclistas, e hoje o tráfego de bicicletas quase desapareceu das ruas devido a mudanças na prioridade do tráfego ou mesmo à proibição expressa de bicicletas.

Nesse tipo de cidade, dar prioridade à bicicleta precisa ser um ingrediente-chave numa política voltada para o uso efetivo do espaço das ruas, a redução do consumo de energia e da poluição, e à garantia de mobilidade para a grande maioria da população que não pode comprar automóveis. Além disso, é mais barato investir em infraestrutura para o ciclista do que para outros tipos de tráfego.

política ciclística como estratégia para o desenvolvimento e sustentabilidade

Novas mudanças de direção e de prioridades nas políticas urbanas do mundo todo vêm ocorrendo. Felizmente, isso inclui priorizar o uso de bicicletas em muitas cidades de países emergentes, como a Cidade do México e Bogotá, na Colômbia, o que descreveremos no capítulo 6.

5

Vida, Espaço, Edifícios
– Nessa Ordem

a síndrome de Brasília — planejamento urbano a partir do alto e de fora

Vista do alto, Brasília parece uma águia estilizada, com os edifícios governamentais na cabeça e instituições e áreas residenciais nas asas.

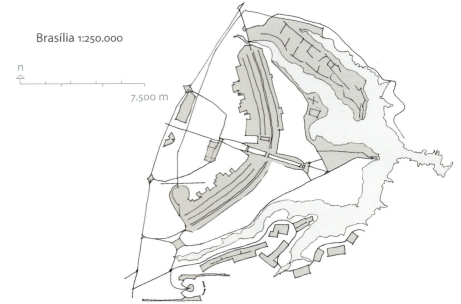

A área governamental concebida com edifícios altos ladeando uma ampla área verde finalizada pelo edifício do Congresso. Uma visão impressionante – vista de considerável distância.

A escala das pessoas em Brasília é um retumbante fracasso. O espaço urbano é grande demais e nada convidativo, os caminhos são longos, retos e desinteressantes e os carros estacionados impedem caminhadas agradáveis no resto da cidade.

  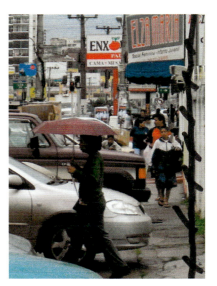

5.1
A síndrome de Brasília

paisagem humana – a chave para melhores cidades para as pessoas

O capítulo anterior abordou uma série de exigências para a cidade na altura dos olhos, o que significa trabalhar com a menor escala do planejamento urbano: a paisagem humana.

A razão para esta ampla abordagem sobre a escala menor é sua desconsideração geral por parte dos urbanistas. Outro argumento é que trabalhar com essa escala é a chave para alcançar melhores condições para a dimensão humana.

As mesmas razões criam um argumento convincente para que a atenção com essa escala seja uma parte muito bem integrada no planejamento e desenvolvimento de uma cidade. Entretanto, atingir esse objetivo exige mudanças dramáticas nos métodos habituais de pensamento e trabalho.

escala urbana, escala de implantação e escala humana

Simplificando, urbanismo e planejamento urbano podem ser descritos como um trabalho envolvendo níveis de escala muito diferentes.

A grande escala é o tratamento holístico dado à cidade, abrangendo bairros, funções e instalações de tráfego. É a cidade vista de cima e à distância, de uma perspectiva aérea.

A escala média, então, é a escala do desenvolvimento, que descreve como partes individuais ou bairros da cidade devem ser projetados; e, ainda, como são organizados os edifícios e o espaço público. É o planejamento urbano visto da perspectiva de um voo de helicóptero à baixa altura.

Por último, mas com certeza não menos importante, vem a escala pequena, a paisagem humana. É a cidade experimentada pelas pessoas que a utilizam ao nível dos olhos. Aqui não interessam as grandes linhas da cidade ou a espetacular implantação dos edifícios, mas a qualidade da paisagem humana tal como percebida por aqueles que caminham ou por aqueles que permanecem na cidade. Aqui se trabalha com uma arquitetura a 5 km/h.

um bom planejamento urbano exige trabalho que combine as três escalas

Na prática, trabalhar com as três escalas significa operar com três disciplinas muito diferentes, cada uma com suas próprias regras e critérios de qualidade. Idealmente, os três níveis deveriam ser tratados e amalgamados em um todo convincente que fornecesse um espaço convidativo para as pessoas na cidade.

O objetivo seria o tratamento total, no qual a cidade se harmonizasse em sua completude – a linha do horizonte, a implantação dos edifícios e as proporções do espaço urbano – combinados a partir de um cuidadoso tratamento da sequência de espaços, detalhes e equipamentos ao nível dos olhos.

planejamento urbano
a partir do alto e de fora

A cidade vista da perspectiva de um helicóptero. Quem é responsável pela vida na cidade?

a vida na cidade não tem chances com prioridades nessa ordem: edifícios, espaço, vida

a síndrome de Brasília – utilizando apenas a escala maior

Em muitos casos, esse ideal contrasta com uma prática de planejamento com raízes no modernismo, que prioriza os edifícios, em vez de priorizar o todo e o espaço urbano.

Fotografias que retratam clientes, prefeito e orgulhosos arquitetos se inclinando sobre a maquete de um novo empreendimento, ilustram o método e o problema. O empreendimento é visto de cima e, dessa perspectiva, os diversos elementos – os edifícios, os quarteirões e as vias de tráfego – podem ser modificados até que a composição esteja no lugar e tudo pareça bem – desde que do alto e de fora.

Planejar cidades e empreendimentos do alto e de fora significa, basicamente, que apenas as duas escalas maiores – escala urbana e escala do empreendimento – foram adequadamente contempladas.

Muitas decisões importantes devem ser feitas nas escalas da cidade e dos estudos de implantação. Em geral, essas duas escalas contam, como subsídio, com uma infinidade de informações e de programas arquitetônicos específicos. Interesses financeiros mais significativos também se concentram aqui, e urbanistas altamente especializados estão prontos para lidar com os problemas com base em vasta experiência.

A situação é muito diferente para a escala humana, uma escala quase intangível e difícil de trabalhar. Nesse nível, informações e experiências relevantes tendem a ser escassas, o que também significa que quase não existem programas arquitetônicos que sirvam de subsídio. Os interesses financeiros vinculados às duas maiores escalas também não são tão óbvios para a paisagem humana.

Existem boas explicações racionais para justificar porque, em muitas situações, o planejamento urbano se inicia do alto e de fora. Em geral, as prioridades são assim elencadas: em primeiro lugar, os grandes contornos da cidade, então os edifícios e, por último, os espaços entre eles. No entanto, a experiência de décadas de planejamento urbano mostra que esse método não funciona para a paisagem humana e para convidar as pessoas ao espaço da cidade. Pelo contrário: em quase todos os casos, verificou-se a impossibilidade de garantir boas condições para a vida urbana, quando a maioria das decisões de planejamento é feita na maior escala e a proposta com a vida na cidade se reduz a tratar somente das áreas remanescentes, no quadro geral. Infelizmente, na maioria das cidades e empreendimentos, a conclusão é que a dimensão humana está, lamentavelmente, perdendo terreno.

Um dos exemplos mais notáveis de plano urbano modernista é Brasília, a capital do Brasil. Planejada e desenvolvida em 1956, com base no projeto vencedor de Lúcio Costa, em concurso arquitetônico, a cidade tornou-se oficialmente a capital do país em 1960 e hoje tem mais de três milhões de habitantes. A nova cidade nos dá uma boa oportunidade de avaliar as consequências do planejamento concentrado exclusivamente na maior escala.

Vista do alto, Brasília é uma bela composição: projetada como uma águia, com os órgãos governamentais na cabeça e as áreas residenciais nas asas. A composição também é interessante, vista de helicóptero, com edifícios governamentais brancos, que se distinguem na paisagem, e blocos residenciais dispostos em torno a praças e áreas verdes. Até aí, tudo bem.

No entanto, a cidade é uma catástrofe ao nível dos olhos, a escala que os urbanistas ignoraram. Os espaços urbanos são muito grandes e amorfos, as ruas muito largas, e as calçadas e passagens muito longas e retas. As grandes áreas verdes são atravessadas por caminhos abertos pela passagem das pessoas, mostrando como os habitantes protestaram, com os pés, contra o rígido plano formal da cidade. Se você não estiver em um avião ou helicóptero ou carro – e a maioria dos moradores de Brasília não está – não há muito que comemorar.

Infelizmente, a síndrome de Brasília, na qual as duas escalas maiores são utilizadas enquanto se descarta a escala menor, espalhou-se como um princípio de planejamento.

A síndrome está presente nos novos empreendimentos habitacionais em muitas partes do mundo, por exemplo, na China e outras regiões asiáticas em rápido crescimento. Também na Europa, muitos bairros urbanos e novos empreendimentos são afetados pela síndrome de Brasília, sobretudo novas áreas perto de grandes cidades como Ørestad, no entorno de Copenhague.

Dubai, onde em um período de poucos anos muitas torres autossuficientes foram construídas, representa outra grande área urbana onde os esforços se concentraram na escala maior e em construções espetaculares e nada muito além disso. Vista ao nível dos olhos, também não há muito com que se alegrar ali.

Planejamento urbano do alto e de fora. O interesse é concentrado nos edifícios, em vez de nos espaços e no todo (Ørestad, Copenhague e Dubai).

5. 2
Vida, espaço, edifícios – nessa ordem

a necessidade de priorizar a vida, os edifícios vêm depois

Se as cidades e os edifícios pretendem atrair as pessoas para virem e permanecerem em seus espaços, a escala humana vai exigir nova e consistente abordagem. Trabalhar com tal escala é a mais sensível e difícil disciplina de planejamento urbano. Se tal trabalho for negligenciado ou falhar, a vida na cidade nunca terá uma chance. A difundida prática de planejar do alto e de fora deve ser substituída por novos procedimentos de planejamento de dentro e de baixo, seguindo o princípio: primeiro a vida, depois o espaço e só então os edifícios.

vida, espaço, edifícios – nessa ordem, por favor

No processo de planejamento, em vez da sequência que prioriza os edifícios, depois os espaços e depois (talvez) um pouco a vida, o trabalho com a dimensão humana requer que a vida e os espaços sejam considerados antes das edificações.

Em suma, o método envolve um trabalho preparatório que determina o caráter e o alcance da vida prevista no empreendimento. Só então, preparam-se programas para a estrutura urbana e para os espaços públicos, com base nas ligações previstas a serem feitas a pé ou de bicicleta. Uma vez definidos os espaços públicos e as conexões, as edificações podem ser localizadas para garantir a melhor coexistência possível entre a vida, os espaços e os edifícios. A partir desse ponto, o trabalho se expande em grandes empreendimentos e bairros, mas está sempre ancorado nas exigências de uma escala humana funcional.

As oportunidades para a elaboração de exigências, já no início do processo, para novos edifícios, visando garantir que suas funções e seu projeto sustentem e enriqueçam o espaço público e a vida urbana, são inerentes à sequência: vida, espaço, edifícios.

A única abordagem bem-sucedida para o projeto de grandes cidades para as pessoas deve considerar a vida e o espaço da cidade como ponto de partida. É o aspecto mais importante – e o mais difícil – e não pode ser deixado para mais tarde no processo. Se é fato que deve haver uma sequência, esta começa ao nível dos olhos e termina em uma vista aérea. Naturalmente, o melhor dos mundos é trabalhar com as três escalas, ao mesmo tempo, de forma holística e convincente.

planejamento urbano tradicional baseado na vida e no espaço da cidade

A ordem vida-espaço-edificações não é novidade: novo é o modernismo e o moderno planejamento de prancheta que inverte a ordem. O modernismo só predominou por um período de sessenta-setenta anos, exatamente o período em que a dimensão humana foi seriamente negligenciada.

A história do desenvolvimento urbano mostra como os assentamentos mais antigos se desenvolveram ao longo de caminhos, trilhas e mercados.

198 cidades para pessoas

Monpazier 1:10.000

300 m

O plano da cidade de Monpazier (1283), no sul da França, baseia-se em portões, praças e ruas. Arcos característicos flanqueiam a praça e garantem a transição para as ruas principais.

O princípio vida-espaço-edifícios em ação: o plano de Adelaide, sul da Austrália, foi desenhado em 1837 com ênfase no espaço urbano e nos parques; os edifícios vieram depois.

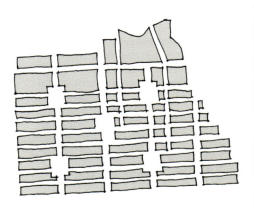

Adelaide 1:50.000

1.500 m

Os mercadores montavam suas tendas e barracas ao longo dos caminhos mais populares para oferecer seus produtos aos passantes. Edificações mais permanentes substituíram as tendas e barracas e, gradativamente, as vilas foram crescendo com suas casas, ruas e praças. Os caminhos e mercados originais, ponto de partida para o crescimento urbano, deixaram vestígios em muitas cidades modernas. Essas antigas cidades orgânicas contam a história do desenvolvimento urbano a partir de uma paisagem humana ao nível dos olhos até as estruturas mais complexas.

Por exemplo, o planejamento seguia o princípio vida-espaço-edificações em áreas que precisavam de novas cidades, como as colônias gregas e romanas, e nas cidades medievais planejadas, como Monpazier, no sul da França, fundada em 1283. Em anos posteriores, o planejamento urbano também foi influenciado

vida, espaço, edifícios – nessa ordem 199

vida, espaço e edifícios em novos empreendimentos

A cidade nova de Almere (1976–1986), perto de Amsterdã, Holanda, com seus edifícios bastante estreitos e integração vertical, e as habitações localizadas acima dos pisos térreos com funções ativas.

Espaços de transição suave para ruas residenciais constituem parte dos princípios visionários de planejamento de cidades sustentáveis, utilizados em Vauban (1993–2006), uma nova área urbana de Freiburg, sul da Alemanha.

O princípio vida-espaço-edifícios está na ordem do dia para os novos empreendimentos em construção que deverão, gradativamente, substituir as habitações temporárias perto da Cidade do Cabo, na África do Sul.

uma bela cidade com edifícios altos acima

A orla em Vancouver, Canadá, tem edifícios baixos junto à rua e logo atrás, recuados no lote, edifícios de apartamentos altos e estreitos.

espacial bem como na proteção climática, com grandes edifícios abrigando construções menores. Um cuidado especial também garantiu a variedade, com a utilização de diferentes construtores e arquitetos.

O resultado é um núcleo com uma quantidade incomum de qualidades que tornaram o local bastante apreciado como área residencial e ainda como destino para toda a cidade e a região. Bo 01 é um bom lugar para moradia, porque os destinos turísticos regionais, os espaços à beira d'água e o espaço público ao ar livre, foram cuidadosamente separados. Há lugar para tudo isso.

Esses núcleos suecos demonstram que a paisagem humana, o desenvolvimento e o desenho urbano podem ser tratados de forma associada, desde que se preste atenção a todas as escalas.

uma bela cidade com edifícios altos acima: o exemplo de Vancouver, Canadá

Nos últimos anos, Vancouver implantou uma abordagem das várias escalas da cidade em um processo combinado. O novo e vasto núcleo na orla precisou atender duas exigências principais: alta densidade construída e boa qualidade urbana nas ruas das novas áreas. O problema de garantir muito espaço e boa qualidade ao nível dos olhos resultou em um cuidadoso projeto do núcleo em duas camadas. O nível inferior, de 2 a 4 andares de altura, é um platô que segue as linhas das edificações ao longo das vias urbanas. Acima desse platô, arranha-céus densamente construídos ficam recuados do alinhamento das ruas, de forma a não impactar a paisagem do pedestre. Os arranha-céus são projetados como torres estreitas, para não interromper a vista da água dos edifícios no plano posterior, e para reduzir o conhecido impacto do vento e da sombra nas ruas à sua frente. No geral, os núcleos em platô de Vancouver fornecem um novo e interessante direcionamento nas tentativas de combinar escalas grandes e pequenas no mesmo empreendimento. As novas edificações de Vancouver trazem uma contribuição inspiradora ao debate e ao sonho da criação de grandes cidades ao nível dos olhos, ao mesmo tempo que garantem alta densidade construída.

boas cidades ao nível dos olhos – um novo tema para escolas de arquitetura

Existem, então, interessantes exemplos internacionais de como adequar a exigência de alta densidade construída e a preocupação com a paisagem humana.

vida, espaço, edifícios – nessa ordem   203

agora e de novo quase tudo funciona: ilha Granville, Vancouver

Ilha Granville 1:10.000

300 m

Diversidade de funções era o princípio orientador para a conversão de uma área industrial parcialmente abandonada na ilha Granville, em Vancouver, em um novo parque urbano / bairro nos anos de 1970. Escolas, um teatro, lojas e habitações foram construídas próximas a indústrias ainda em funcionamento. A ilha Granville é um dos poucos lugares no mundo onde quase todos os princípios discutidos neste livro foram colocados em prática:

1. Diferentes tipos de tráfego foram misturados no bairro industrial original e continuam assim ainda hoje.
2. Mercado.
3. Princípio de projeto: todos os térreos devem ser ativos e transparentes.
4. Outro princípio de projeto é manter o caráter do velho bairro industrial. Edifícios, mobiliário urbano e placas refletem a história industrial da área.

Encontrar um equilíbrio é fundamental para a formação de cidades vivas, seguras, sustentáveis e saudáveis. Alguns problemas podem ser resolvidos através de um cuidadoso planejamento urbano e estudos de implantação, mas é crucial que a arquitetura, ponto de partida dos edifícios isolados, contribua diretamente para a qualidade ao nível dos olhos.

A questão de como garantir boas cidades ao nível dos olhos deve ser vista como importante desafio arquitetônico, em um plano muito mais extenso do que se verifica hoje. Não faz muito tempo, a arquitetura realmente concentrava sua atenção no projeto de edifícios ao nível da rua. Uma escala menor, mais detalhada, foi utilizada na zona onde os edifícios encontram a cidade. Por sua vez, caminhar nas cidades era uma experiência sensorial rica, intensa e multifacetada graças ao abundante cuidado arquitetônico dispensado às áreas térreas.

O Modernismo introduziu novos ideais. Do pavimento térreo ao mais alto, normalmente, os edifícios eram construídos com materiais idênticos e com o mesmo nível de detalhe. Iam direto de uma altura de cinco, dez ou mesmo quarenta andares até o nível das calçadas. Agora, com o reconhecimento das consequências desse tratamento mecânico das construções da cidade, com certeza e uma vez mais, já é tempo de colocar na ordem do dia a situação especial dos pisos térreos.

A exigência de belas cidades, ao nível dos olhos, com edifícios altos mais para cima, propicia a redescoberta da arquitetura do piso térreo como disciplina especial.

Pisos mais baixos ativos com os andares mais altos recuados (Hobart, Austrália).

vida, espaço, edifícios – nessa ordem 205

se ao menos a pequena escala funcionar bem

Quando vistas de cima, estas casas geminadas em Copenhague parecem uniformes e monótonas. Porém, ao nível dos olhos as casas enfileiradas têm tantas qualidades e funcionam tão bem que o bairro reúne a maior concentração local de arquitetos e suas famílias (Copenhague, Dinamarca).

se ao menos a pequena escala funcionar bem...

Não pergunte o que a cidade pode fazer pelo seu edifício, mas o que seu edifício pode fazer pela cidade! Uma resposta óbvia e imediata poderia ser: térreos atraentes que se projetam bem à frente em relação aos andares superiores.

Além dos projetos onde escalas maiores e menores foram tratadas em conjunto, há um surpreendente número de bons empreendimentos funcionais que só abordam com cuidado a escala menor.

Vistos bem do alto e também da cobertura dos edifícios, os bairros de Copenhague, com seus conjuntos habitacionais de modestas casas geminadas (1873-1889), parecem uniformes e monótonos: rua após rua, as casas quase idênticas

A escala menor sempre exige mais atenção em situações onde o número de visitantes tem impacto econômico. A Disneylândia em Paris, França, não tem nenhum apelo, quando vista de cima, mas ao nível dos olhos o parque de diversões funciona com perfeição. Para reforçar a positiva atmosfera convidativa, os andares mais altos dos edifícios são reduzidos em até 80% de sua dimensão normal.

estão em filas baixas e iguais. Não há muito a destacar aqui, se as virmos de um helicóptero.

Ao nível da rua, porém, essas casas geminadas têm qualidades. O espaço da rua é cuidadosamente dimensionado, há jardins frontais e bem tratados, criação de bons espaços, muita variação nos detalhes, segurança no tráfego e bom clima. Em suma, preenchem quase todos os requisitos para uma boa paisagem humana e os moradores, ocupados explorando suas opções, raramente, têm tempo para pensar que visto de cima e de fora, seu conjunto parece uniforme e monótono.

As experiências de conjuntos como esse destacam o fato de que se uma escala urbana, ou mais de uma, tiver de ser negligenciada, em nenhuma hipótese poderá ser a menor delas: a paisagem humana.

É ainda interessante que um conjunto como esse, onde a qualidade da escala menor é convincente, esteja entre os lugares mais procurados e caros da cidade. Grande parte dos arquitetos e suas famílias mora aqui: evidentemente os arquitetos sabem muito bem como querem viver.

A cidade livre de Christiânia em Copenhague é outro exemplo de como um cuidadoso tratamento da paisagem humana é um importante pré-requisito para a comunidade funcionar como área livre de tráfego de veículos e modelo social alternativo.

a escala menor – fator que determina para onde as pessoas serão convidadas

O fato de a qualidade da escala menor ser determinante para a vida e atratividade de uma área é reforçado pelo cuidado com a paisagem humana em parques de diversão, locais de exposições, mercados e *resorts* recreativos. Como dado comum, estes espaços oferecem boas condições ao visitante – ao nível dos olhos. A visão de cima e a perspectiva de helicóptero não funcionam muito aqui, por uma boa razão.

vida, espaço, edifícios – nas cidades existentes

O método de trabalho que torna a vida no espaço urbano objeto de atenção especial é igualmente importante na melhoria das áreas urbanas existentes.

vida, espaço, edifícios – nessa ordem   207

onde o espaço da cidade e os edifícios conversam

Desde o início, o terreno do Centro Pompidou, em Paris, foi dividido em dois: uma praça para a vida urbana e cultura informal e um edifício para eventos culturais mais formais.

Contrariamente ao Museu Guggenheim em Bilbao, Espanha, que é fechado em todos os lados (acima), este museu em Melbourne (acima à direita) foi projetado para emoldurar um espaço urbano muito atraente (Federation Square, Melbourne, Austrália).

A nova Opera House em Oslo, Noruega, dissolve as fronteiras entre cidade e edifício. A cobertura foi concebida como um espaço da cidade que convida as pessoas a praticarem o alpinismo urbano.

Em geral, a paisagem humana nas cidades foi descuidada durante anos, como resultado direto da prioridade dada ao tráfego de veículos. Aos poucos, quase todas as cidades estabeleceram departamentos de tráfego que, a cada ano, calculam o tráfego e avaliam as condições de estacionamento. Coletam dados e fazem prognósticos, modelos de tráfego e análises de impacto e, no processo, os carros foram ficando cada vez mais visíveis e onipresentes no planejamento urbano.

Contrariamente, era raro que alguém observasse o que acontecia com a vida na cidade e os pedestres. Durante décadas, a vida na cidade, tida como natural, não recebia a devida atenção. Era algo sempre presente e pouquíssimo se estudava o impacto de sua constante deterioração.

Em geral, enquanto nos processos de planejamento, o tráfego de automóveis ficava mais visível, as atividades das pessoas nas cidades ficavam cada vez mais invisíveis.

Também aqui as prioridades precisam ser reordenadas. A vida na cidade deve ser visível e tratada no mesmo nível que as outras funções urbanas. E mesmo nas cidades existentes, a vida deve ser priorizada.

tornando visível a vida nas cidades

O planejamento em novas áreas urbanas deve começar com expectativas e prognósticos sobre os padrões de atividade futura. Nas áreas urbanas existentes, um ponto de partida óbvio seria estudar a vida na cidade como de fato é e, então, utilizar essa informação para elaborar planos sobre como e onde reforçá-la.

estudos sobre a vida na cidade em Copenhague – nos últimos quarenta anos

Estudos regulares sobre a vida pública nos espaços públicos foram iniciados em Copenhague em 1968 e, provaram, ao longo do tempo, ser uma ferramenta inestimável para o futuro planejamento do espaço urbano e das melhorias na paisagem humana. Os métodos foram originalmente desenvolvidos como parte de um projeto de pesquisa na Escola de Arquitetura, da Academia Real de Belas Artes da Dinamarca.

Simplificando, os métodos abrangem mapear e avaliar o espaço da cidade, e registrar a vida que aí ocorre. Em geral, o registro da vida urbana ilustra a extensão das atividades de permanência e de passagem em dias e horários selecionados nas várias estações do ano. É uma forma simples e econômica de se obter uma visão relativamente precisa de como os espaços funcionam e de quais atividades ocorrem neles.

Utilizando exatamente os mesmos métodos, os estudos podem ser repetidos em datas posteriores, algo como dois, cinco ou dez anos depois, para mostrar as mudanças e evolução no modo como a cidade é utilizada. A leitura dos efeitos das mudanças é bem simples em locais onde o tráfego de automóveis foi redirecionado e onde ocorreram melhorias no espaço urbano. Em suma, os métodos permitem acompanhar e desenvolver a vida na cidade[1]. Em Copenhague, os estudos sobre a vida pública no espaço público se transformaram em ferramenta-chave para o planejamento, que permitem aos políticos e urbanistas obter conhecimento sobre como a cidade está mudando, bem como ideias sobre melhorias adicionais.

A vida na cidade torna-se visível e, ao longo dos anos, tem sido um fator decisivo para a execução de muitas melhorias qualitativas no espaço público de Copenhague.

tornando visível a vida nas cidades

Estudos de vida na cidade realizados utilizando métodos idênticos de registro fornecem uma valiosa oportunidade para comparar os níveis de atividade e os padrões de comportamento nas cidades em diferentes partes do mundo[2].
Tráfego de pedestres em um dia de semana, no verão, entre 8 da manhã e 10 da noite. Wellington e Estocolmo entre 10h e 18h.

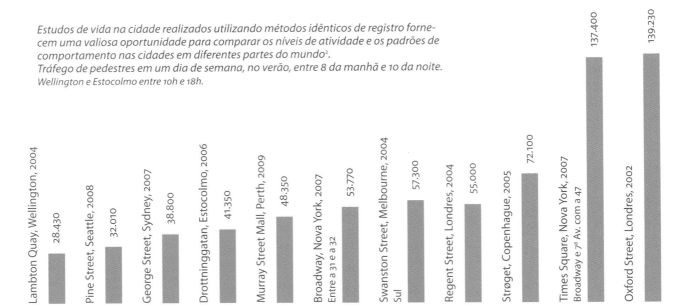

estudos de vida na cidade como ferramenta universal de planejamento

O valor dos estudos sistemáticos da vida urbana como ferramenta para uma política de implantação e planejamento do espaço da cidade foi demonstrado, pela primeira vez, em Copenhague, em 1968. Apesar disso, está claro que os urbanistas dão igual importância tanto aos dados sobre a vida na cidade como aos dados sobre o tráfego.

Nos anos que se seguiram ao projeto inicial de pesquisa, os estudos de vida urbana como ferramenta de planejamento foram desenvolvidos através de estudos de projetos de renovação urbana, em cidades das mais diferentes características, em várias partes do mundo e em regiões climáticas completamente distintas.

A vida na cidade foi estudada em conglomerados urbanos de dimensões variadas, desde vilarejos até grandes cidades como Londres (2004) e Nova York (2007–2009). A lista de cidades onde os métodos foram utilizados nos últimos vinte anos dá uma indicação da variação geográfica e cultural: Europa (Oslo, Noruega; Estocolmo, Suécia; Riga, Letônia; e Roterdã, Holanda), África (Cidade do Cabo, África do Sul), Oriente Médio (Amã, Jordânia), Austrália (Perth, Adelaide, Melbourne, Sydney e Brisbane, Austrália; Wellington e Christchurch, Nova Zelândia) e América do Norte (Seattle, e São Francisco Estados Unidos)[3].

O trabalho em muitas cidades diferentes forneceu um quadro detalhado do estilo e da extensão da vida na cidade, para uso no planejamento local. Em contexto maior, os estudos trouxeram uma visão geral valiosa dos padrões culturais e das tendências de desenvolvimento em várias partes do mundo. Ter em mãos os dados dessas inúmeras cidades também permitiu comparar e garantir a transferência do conhecimento, a inspiração e as soluções de uma cidade para outra.

a vida no espaço urbano torna-se visível

Gradualmente, os métodos utilizados para estudar a vida na cidade se desenvolveram e ficaram mais elaborados. Em inúmeras cidades, as várias tentativas de sistematizar informações sobre a vida urbana foram transformadas em procedimentos permanentes, com a utilização do estudo regular da vida pública nos empreendimentos como ponto de partida para discussões sobre políticas públicas e estabelecimento de metas. E agora, após anos de negligência, o trabalho

Em geral, os estudos sobre vida na cidade são feitos à mão, o que dá aos observadores não só os dados necessários, mas também o conhecimento, em primeira mão, de como os espaços urbanos funcionam.

O levantamento mostra níveis médios de atividades de permanência no espaço público de Copenhague, em um dia útil, verão, entre 12h e 16 horas[4].

- Atividade comercial
- Atividade cultural
- Em pé
- Assentos secundários
- Assentos em cafés
- Assentos em bancos

Copenhague 1:25.000   750 m

a vida, em primeiro lugar, depois o espaço, então os edifícios – como requisito universal para urbanistas

Um amplo estudo sobre a vida urbana foi realizado em Perth, Austrália, em 1993. Desde então, muitos melhoramentos foram implantados nos espaços da cidade e, em 2009, um estudo demonstrou que o nível de atividade na cidade dobrou. As fotos mostram cenas nas calçadas antes e depois da implementação das melhorias no espaço urbano.

sobre a dimensão humana na política urbana conta com o apoio de ferramentas e de uma prática de planejamento.

Da mesma forma que as experiências decorrentes do planejamento de novos núcleos reforçam a necessidade de tratar a vida, os espaços e os edifícios, nessa ordem, as experiências de cidades e áreas urbanas existentes indicam que a vida na cidade deve ser visível e considerada prioritária nos processos de planejamento.

A vida, em primeiro lugar, depois o espaço e então os edifícios tem o aspecto de um requisito universal para os processos de planejamento no século XXI.

vida, espaço, edifícios – nessa ordem   211

6
Cidades em Desenvolvimento

uma questão crucial no mundo todo

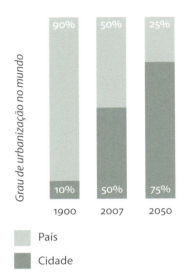

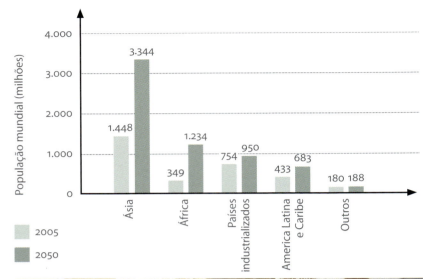

Acima: mais de metade da população mundial vive agora nas cidades e a porcentagem deve subir para 75% antes de 2050[1]. Acima, à direita: Desenvolvimento esperado da população nas cidades no mundo: 2005-2050[2].

Ao longo da história, o espaço público serviu como ponto de encontro, local de comércio e espaço de conexão, e a maioria das cidades do mundo ainda oferece a estrutura para essas funções vitais (dia de feira, Chichicastenango, Guatemala).

Em muitas cidades, o aumento de tráfego pressionou sobremaneira as tradicionais funções do espaço da cidade (Amã, Jordânia).

214 cidades para pessoas

6.1 Cidades em desenvolvimento

a dimensão humana – uma questão crucial no mundo todo

Existem fortes argumentos a favor de priorizar o planejamento urbano humanista que, cuidadosamente, acomoda as pessoas que usam o espaço urbano. Convites para caminhar, andar de bicicleta e participar de uma vida urbana certamente devem abranger cidades, em qualquer parte do mundo, não importando o nível de desenvolvimento econômico.

Inúmeras condições destacam e reforçam a importância do trabalho com a dimensão humana dentro do planejamento urbano nas cidades de rápido crescimento nos países emergentes.

a maioria das pessoas agora vive nas cidades e as cidades estão crescendo de forma explosiva

Em um século, a população mundial total cresceu vertiginosamente, de 1,65 bilhão de pessoas, por volta de 1900, para seis bilhões no ano 2000; estima-se que esse crescimento atingirá a marca de 9 bilhões no ano 2050[3].

Grande parte desse dramático crescimento ocorre nas áreas urbanas. Em 1900, 10% da população mundial vivia em cidades. Em 2007, essa fatia tinha inchado para 50% e, por volta de 2050, acredita-se que 75% da população mundial viverá em áreas urbanas[4].

superpopulação e pobreza tornam o espaço público comum ainda mais precioso

O rápido crescimento das populações urbanas dos países emergentes é o catalisador de muitos problemas e desafios.

Quando o tráfego motorizado não é predominante, as funções tradicionais do espaço urbano como ponto de encontro, local de comércio e espaço de conexão continuam em equilíbrio (hutong, em Pequim, China, ver p. 70).

cidades em desenvolvimento 215

o espaço da cidade deve satisfazer várias necessidades

Em muitos países emergentes, inúmeras funções cotidianas essenciais ocorrem no espaço urbano ao ar livre. Cultura, clima e condições econômicas garantem a grande importância da vida no espaço da cidade nas condições e na qualidade de vida da população (TV em Zanzibar, Tanzânia; comércio de rua, Daca, Bangladesh; e cabeleireiro, Hanói, Vietnã).

Em muitas regiões, abrigar tantos novos moradores levou ao surgimento nas cidades de grandes áreas de habitação informal, densamente povoadas, primitivamente construídas e carentes de todos os tipos de serviços. A pressão sobre as cidades também leva à superpopulação das áreas habitacionais existentes, sobrecarregando os serviços, sistemas de tráfego e, com certeza, parques e espaços comuns. Além disso, os novos complexos habitacionais formados por torres de alta densidade são construídos em tempo recorde perto das grandes cidades, e aí o espaço comum é, em geral, subdimensionado e de baixa qualidade.

Uma característica geral da maioria dos habitantes das cidades em países emergentes é o seu padrão de vida bastante modesto. É precisamente naquelas áreas habitacionais com alta densidade populacional e poucos recursos econômicos que o espaço ao ar livre tem um impacto muito grande nas condições de vida. Onde possível, inúmeras atividades comunitárias são realizadas do lado de fora das moradias, nas ruas, praças ou em outro logradouro público.

Em muitas regiões, a cultura, a tradição e o clima definiram uma vida ao ar livre extensa e multifacetada, que sempre desempenhou e ainda desempenha um papel decisivo nas condições e na qualidade de vida. Nesses locais, em especial, é importante garantir a disponibilidade futura de espaços públicos funcionais e em número suficiente: parques, praças e oportunidades para autoexpressão tanto nas novas áreas como nos distritos urbanos existentes.

fortes argumentos para manter e reforçar o tráfego de pedestres e bicicletas

Junto com a necessidade de desenvolvimento econômico e de transporte cobrindo grandes distâncias para novos tipos de locais de trabalho, o rápido crescimento urbano e as grandes concentrações de moradores da cidade traduzem uma pressão injustificável sobre a infraestrutura de tráfego.

Apesar de o acesso aos carros e ao transporte motorizado aumentar gradualmente, por enquanto a grande maioria dos habitantes tem acesso limitado ou nulo a carros e motocicletas. Em geral, o transporte público é pouco desenvolvido, caro e lento.

Muitas áreas residenciais novas são construídas de acordo com os princípios e ideologias que dão baixa prioridade às atividades ao ar livre (Pequim, China).

cidades em desenvolvimento 217

ciclorriquixás em Daca, Bangladesh

Cerca de 400.000 ciclorriquixás oferecem transporte econômico e sustentável aos 12 milhões de habitantes de Daca, em Bangladesh. Acredita-se que esse negócio garanta um meio de vida para mais de um milhão de pessoas. As discussões sobre como lidar com o tráfego de automóveis, muitas vezes, esbarra no argumento de que os ciclorriquixás "estão no caminho do progresso". Conflitos desse tipo, infelizmente, são comuns em muitos países emergentes[5].

Tradicionalmente, caminhar ou pedalar sempre teve papel crucial na mobilidade desses grupos populacionais, e uma grande parcela dos moradores das cidades continua a caminhar, pedalar ou utilizar as opções de transporte público. Entretanto, a motorização crescente reduziu, drasticamente, as oportunidades para caminhar e pedalar e, enquanto alguns grupos realmente conquistam maior liberdade de mobilidade, grupos ainda maiores se encontram com menos liberdade e talvez sem opções efetivas de deslocamento. Há argumentos excepcionalmente fortes e convincentes para fornecer boas condições para os habitantes caminharem e pedalarem, confortavelmente e com segurança, nas cidades de rápido crescimento dos países emergentes. Naturalmente, o desenvolvimento dessas opções não deve ser visto como medida temporária para a população mais pobre. Pelo contrário, é um investimento geral e pró-ativo na melhoria das condições de vida e no desenvolvimento de sistemas sustentáveis de transporte para reduzir a poluição e os riscos no tráfego, além de acomodar todos os

crescimento econômico e qualidade de vida em declínio

grupos da sociedade. Nessas cidades, bons sistemas para pedestres e ciclistas são pré-requisito para a obtenção de sistemas eficientes de transporte público.

Em geral, as cidades de rápido crescimento nos países emergentes têm uma série de características comuns. O tradicional tráfego de pedestres e bicicletas está diminuindo e o crescente tráfego motorizado está entupindo as cidades, ao ponto de implosão. Em paralelo com os sinais de crescimento econômico em muitas cidades, em especial na Ásia, ocorre uma redução da qualidade de vida.

Carros e motocicletas ficam presos nos infindáveis congestionamentos do trânsito, o tempo de transporte aumenta para todos e problemas com ruído, poluição do ar e acidentes de trânsito crescem a cada dia.

Por muito tempo, as condições para pedestres e os valentes ciclistas remanescentes foram intoleráveis, mas, pela necessidade, agora são aceitos. Os pedestres abrem caminho em meio a calçadas abarrotadas, ainda não tomadas por carros estacionados ou destruídas, ou caminham pelas ruas com suas cestas, sacolas e crianças, enquanto os ciclistas se equilibram, costurando em meio ao tráfego.

A tradicional vida ao ar livre, que exibia artesanato, exposições de ruas, comércio nas calçadas e cozinhas de rua, ou pequenas lanchonetes ao longo dos edifícios, também está pressionada. A cada dia, o espaço é reduzido em prol do tráfego e dos estacionamentos e todo tipo de atividade ao ar livre, no espaço urbano, recebe um impacto negativo em função do ruído, da poluição e da insegurança. Constrói-se nos espaços livres, os parques são convertidos em estacionamentos, e as oportunidades de lazer simplesmente desaparecem. A cada dia a situação é um pouco pior do que no dia anterior.

Na verdade, pode-se afirmar que o espantoso incremento do tráfego significou uma clara diminuição das oportunidades de autoexpressão e da qualidade de vida para grandes grupos de população, especialmente os mais pobres.

Ao contrário desse quadro geral das cidades em crescimento, cujos problemas se multiplicam diariamente, é inspirador ver exemplos de políticas públicas

Há apenas alguns anos, as cidades do Vietnã eram dominadas pelo tráfego de bicicletas. Hoje, entretanto, aquelas cidades das bicicletas foram tomadas por motocicletas. O transporte motorizado traz mais mobilidade para alguns grupos da sociedade, mas cria inúmeros novos problemas em relação à qualidade urbana.

pensamento inovador sobre crescimento urbano e transporte: Curitiba, Brasil

O rápido crescimento urbano de Curitiba, no Brasil, concentrou-se em corredores lineares de crescimento ao longo das novas rotas de ônibus da cidade. Mais tarde, o transporte rápido por ônibus em suas faixas exclusivas serviu de inspiração para muitas cidades.

pensamento inovador sobre crescimento urbano e transporte: Curitiba, Brasil

por parte de políticos e urbanistas visionários que buscam novas soluções para alguns dos problemas mais prementes. Naturalmente, seu foco está nas soluções de tráfego, mas eles também fazem um esforço no sentido de reforçar a vida na cidade e melhorar as oportunidades para caminhar e pedalar como um elo nas políticas globais para incrementar o potencial econômico, a qualidade urbana e a qualidade de vida.

Há algumas décadas, inúmeras cidades implantaram novos metrôs, trens e veículos leves sobre trilhos. Entretanto, estes sistemas exigem investimentos pesados e, em geral, levam anos para ser implantados. Então, várias cidades voltaram-se para o BRT, *bus rapid transport* (transporte rápido por ônibus). Essas soluções, conhecidas como "metrô com rodas de borracha", são interessantes pelo fato de serem econômicas, de fácil implantação e transportam grande número de passageiros de forma rápida e confortável, por toda a cidade.

Curitiba, uma cidade em pleno desenvolvimento no sul do Brasil, mostrou um espírito verdadeiramente pioneiro na área de transportes. Entre 1965 e 2000, a população da cidade cresceu de quinhentos mil para um milhão e meio de habitantes e continua a crescer. Iniciado em 1965, o crescimento urbano foi ordenado em torno de cinco ruas largas, implantadas como os dedos de uma mão a partir do centro da cidade. Grandes ônibus articulados atendem essas ruas. Paradas de ônibus, especialmente construídas, permitem que os passageiros embarquem e desembarquem rapidamente nos ônibus, e a sequência de faróis verdes para os ônibus, a cada cruzamento, mantém o tráfego em movimento.

Outros dois elementos-chave no plano urbanístico visionário do então prefeito, o arquiteto Jaime Lerner, são as curtas e convenientes distâncias até os ônibus e, ainda, o acesso das bicicletas às ruas servidas por ônibus. Grande número de parques recém-criados e um amplo sistema de ruas sem automóveis, e praças no centro urbano, garantem espaço livre e oportunidades para autoexpressão nessa cidade de rápido crescimento.

No geral, Curitiba é um modelo de como garantir boas condições para o tráfego de pedestres e ciclistas e priorizar outros aspectos da vida urbana, apesar dos desafios econômicos e da crescente população.

pensamento inovador sobre qualidade da cidade e sustentabilidade social: Bogotá, Colômbia

De 1995 até hoje, Bogotá, na Colômbia, cidade sul-americana de seis milhões de habitantes, realizou um notável planejamento urbano. Sobretudo entre 1998 e 2001, sob a liderança do prefeito Enrique Peñalosa, a prioridade foi a melhoria da qualidade de vida da cidade. Em uma cidade onde apenas 20% dos habitantes possuíam carro, durante anos, o maior volume do investimento em transporte foi voltado para a melhoria do tráfego de veículos.

Um extenso sistema de BRT (Transporte rápido por ônibus, na sigla em inglês) foi introduzido em Bogotá, na Colômbia, em 1999. Como em Curitiba, os ônibus trans-Milênio se movimentam em faixas exclusivas e oferecem um transporte bem mais rápido por toda a cidade do que um motorista de automóvel poderia esperar nas vias superlotadas.

cidades em desenvolvimento

qualidade da cidade e sustentabilidade social em Bogotá, Colombia

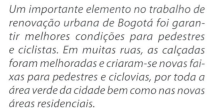

Um importante elemento no trabalho de renovação urbana de Bogotá foi garantir melhores condições para pedestres e ciclistas. Em muitas ruas, as calçadas foram melhoradas e criaram-se novas faixas para pedestres e ciclovias, por toda a área verde da cidade bem como nas novas áreas residenciais.

Em 1998, as prioridades mudaram para a melhoria da mobilidade e das condições de vida para os 80% restantes da população. Moradores sem automóveis precisavam da possibilidade de caminhar, pedalar e utilizar meios de transporte público para se locomover na cidade.

Implantou-se um programa para melhorar as condições para o tráfego de pedestres e de bicicletas. Há anos bloqueadas por carros estacionados, as calçadas foram limpas e recuperadas e 330 km de novas ciclovias foram construídos. As bicicletas eram consideradas um meio prático e barato de transporte que, com certeza, aumentaria a mobilidade dos habitantes dos bairros mais pobres. E no caso da construção de novas vizinhanças, boas rotas para pedestres e bicicletas eram definidas antes das vias para tráfego de veículos.

Como em Curitiba, um elemento-chave no planejamento global de Bogotá foi a introdução de um sistema de ônibus BRT, com faixas exclusivas por toda a cidade. O sistema de ônibus *transMilênio*, introduzido por volta do ano 2000, possibilitou uma mudança radical do tempo gasto para atravessar a cidade. O objetivo global do planejamento era sustentar o desenvolvimento social e econômico da cidade, fornecendo melhores condições de vida e mobilidade aos habitantes menos privilegiados. Se for mais fácil caminhar e pedalar e se for mais rápido utilizar o transporte público, então também é bem mais simples chegar aos locais de trabalho, por toda a cidade. Os ônibus *transMilênio* têm uma velocidade média de 29, 1 km/h, bem mais do que a do congestionamento e o sistema é usado diariamente por 1, 4 milhão de passageiros. Em média, cada passageiro ganha em tempo cerca de 300 horas/ano, horas que costumavam ser perdidas no trânsito, mas que agora podem ser mais bem aproveitadas no trabalho ou em casa com a família.

O planejamento não negligenciou as opções recreativas. Em poucos anos, 900 novos parques e praças foram construídos, especialmente em áreas de alta densidade, onde as moradias são pequenas e a necessidade por espaço livre é bem grande[6].

"Ciclovia" em Bogotá, Colômbia. Todo domingo, entre sete da manhã e duas da tarde, 120 km de ruas da cidade são fechados aos carros e abertos para bicicletas e jogos. Ao longo dos anos, a ciclovia tornou-se muito popular e em um domingo normal mais de um milhão de pessoas saem às ruas para caminhar, andar de bicicleta, encontrar outras pessoas e cumprimentar-se.

Em muitas cidades grandes, em países emergentes e também nos desenvolvidos, os urbanistas se inspiraram nos exemplos de Curitiba e Bogotá para implantar programas de melhorias sociais e urbanas. Em especial, os princípios dos sistemas de ônibus BRT foram mais tarde desenvolvidos em Jacarta, cidade da Guatemala, Guangzhou, Istambul, Cidade do México, Brisbane e Los Angeles.

Outra iniciativa utilizada em Bogotá foi a introdução de ruas especiais para bicicletas aos finais de semana – as ciclovias. A ideia agora tem adeptos no mundo todo e é empregada em várias cidades. Utilizando o modelo da ciclovia, várias ruas são fechadas ao tráfego de automóveis aos domingos, nos locais com menos espaço para enfrentar o volume do tráfego. As ruas são convertidas em pistas de bicicleta e *playgrounds*, onde os moradores podem respirar ao ar livre, fazer atividade física, ensinar as crianças a andar de bicicleta e, de forma geral, apreciar as vantagens de pedalar pela cidade. Todo domingo pela manhã, Bogotá fecha 120 km de ruas da cidade ao tráfego de automóveis. A ciclovia se transformou em algo como uma festa de rua que, a cada semana, conta com mais de um milhão de participantes.

Nos últimos anos, várias outras cidades adotaram a ideia óbvia de utilizar as vias urbanas como ruas de pedestres e bicicletas nos finais de semana. Em 2008, Nova York introduziu sua primeira "rua de verão" e, na sequência, aderiram à ideia várias outras cidades americanas, que também trabalham para desenvolver uma cultura da bicicleta.

Durante os anos do regime do apartheid *na África do Sul, os habitantes não brancos eram banidos para vilarejos (*townships*) fora das cidades, como o da foto, perto da Cidade do Cabo. Esses locais são conhecidos pela alta densidade populacional, baixa qualidade construtiva e esmagadora pobreza.*

A melhoria das condições desses vilarejos está no topo da agenda política. O espaço público utilizado para atividades cotidianas foi selecionado como a área certa para melhorias rápidas e generalizadas (Cidade do Cabo, África do Sul).

programa de lugares dignos, Cidade do Cabo, África do Sul

Nos inúmeros casos onde a implantação de amplas melhorias urbanas levaria muito tempo e consumiria muitos recursos, é importante implantar, de forma rápida e econômica, projetos menores para reforçar a vida cotidiana, fornecer inspiração e servir como ponto inicial em áreas de habitações individuais. Este é o pano de fundo da campanha do "programa de lugares dignos", realizada desde o ano 2000 por urbanistas sob a batuta da arquiteta Barbara Southworth na Cidade do Cabo, na África do sul.

A transição do regime do *apartheid* para a democracia, em 1994, forneceu o incentivo para ampla campanha de melhoria da qualidade de vida dos habitantes dos bairros e vilas mais pobres da cidade, chamadas de *townships*. No entanto, os recursos disponíveis só permitiram executar alguns projetos. A prioridade máxima foi para o acesso à água e à construção de rede de esgotos, bem como para o início de um programa para criação de um espaço urbano de boa qualidade em bairros pobres.

Uma das características desses bairros pobres é que eles dispunham de espaços em frente às escolas, terminais de ônibus, cruzamentos ou à arena esportiva que funcionavam como espaço público e centrinho social. Em geral, embora esses espaços urbanos sejam terrenos mal definidos, cheios de poeira e descuidados, sem qualquer mobiliário urbano ou paisagismo, eram considerados pontos de encontro importantes e bastante frequentados. Ali era onde se desenvolvia uma parte vital das atividades da comunidade. Melhorando-se esse espaço, também seria melhorada a estrutura para as atividades cotidianas; ficaria também demonstrado que, após anos de repressão, era possível, mais uma vez, encontrar-se e conversar no espaço público comum.

Até hoje, com ampla utilização de artistas e artesãos locais, foi possível executar mais de quarenta projetos no espaço urbano para trazer dignidade, beleza

cidades em desenvolvimento   225

programa de lugares dignos, Cidade do Cabo, África do Sul

O Centro de Arte Guga S'thebe em Langa, Cidade do Cabo.

Projeto Esquina Lansdowne em Philippi, Cidade do Cabo. Os pórticos garantem sombra e marcam o posicionamento dos comerciantes.

Novo espaço público em frente à estação ferroviária de Philippi. As barracas ao longo da praça garantem os serviços para a vizinhança e para os passageiros dos trens (Cidade do Cabo, África do Sul).

e utilidade a vários bairros. Cada espaço urbano foi projetado especificamente para determinada área, mas todos tinham características comuns, como mobiliário urbano e calçadas, árvores de sombra e pérgolas para definir barracas para os vendedores ambulantes. Outros tipos de comércio ocorrem em contêineres renovados e organizados para demarcar espaço. Com o tempo, essas paredes-definidoras de espaço irão abrigar as instalações de serviços a serem construídas em torno de novas praças[7].

Através da história dos assentamentos humanos, o desenvolvimento começou com as construções em torno de caminhos e espaços bem utilizados. Depois, barracas de feira para os comerciantes foram erguidas e, mais tarde, construções urbanas mais complexas. As cidades começaram com vida e espaços-urbanos-chave. A Cidade do Cabo não é exceção. Também aqui, o plano é continuar melhorando os bairros pobres de acordo com esses princípios. Estabelecer "locais dignos" onde dignidade e locais de encontro são mais necessários, com certeza, é um ponto de partida. E uma estratégia inspiradora a ser imitada.

esforços modestos –
com uma grande recompensa

O rápido crescimento urbano das maiores e das mais pobres cidades do mundo representa um enorme conjunto de problemas. Moradia, empregos, saúde, transporte, educação e serviços são necessários. É preciso combater a poluição, remover o lixo e melhorar as condições de vida, de forma geral.

Diante do desafio de lidar com tantos setores em curto período de tempo e com meios limitados, é também importante e razoável garantir que a dimensão humana do planejamento da cidade seja cuidadosamente integrada no trabalho do desenvolvimento urbano.

Enquanto compreende-se e respeita-se o desejo de muitas pessoas de terem acesso a carros ou motocicletas, paralelamente ao crescimento econômico, o movimento em direção a um tráfego mais motorizado não deveria ser aceito à custa dos modos tradicionais de transporte: caminhar e pedalar. Em muitas cidades do mundo economicamente desenvolvido, sobretudo na Dinamarca e Holanda, existem bons exemplos mostrando os dois tráfegos – motorizado e de pessoas, lado a lado. A necessidade desse tipo de coexistência entre usos da rua é cada vez mais urgente nas cidades emergentes. Comparados a todas as outras áreas de investimento, os recursos necessários para proporcionar a dimensão humana serão muito menores, sem dúvida.

O principal investimento será mostrar respeito e preocupação em relação à incorporação da dimensão humana em todas as formas de projetos urbanos. Com poucos recursos, pode-se garantir a implantação de melhorias significativas nas condições de vida, na felicidade e proporcionar dignidade para os muitos novos habitantes.

Consideração, preocupação e empatia são os ingredientes mais importantes.

cidades de pessoas — para pessoas

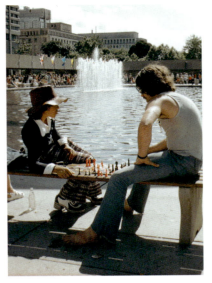

6. 2
A dimensão humana – um ponto de partida universal

unidade global – em relação a problemas e soluções

Embora os problemas das cidades não sejam todos iguais nas várias partes do mundo e em diferentes níveis de desenvolvimento econômico, são mínimas as diferenças envolvidas na inclusão da dimensão humana no planejamento urbano. O mesmo padrão aparece em todo lugar, mas, sobretudo no último meio século, a dimensão humana foi seriamente negligenciada em sua relação com o desenvolvimento urbano.

Em cidades economicamente desenvolvidas, em geral, a negligência é devida a ideologias de planejamento, rápida motorização e dificuldades na passagem de um modelo em que a vida nas cidades era parte óbvia da tradição, para um modelo onde a vida da cidade necessita da sustentação ativa de um atento planejamento. Nas cidades de crescimento acelerado, em países emergentes, o crescimento da população, o florescimento de oportunidades econômicas e o aumento explosivo no tráfego criaram problemas monumentais nas ruas.

Enquanto o descuido quase extinguiu a vida urbana em alguns países desenvolvidos, a pressão de empreendimentos a empurrou para as mais adversas condições em muitos países com economias menos desenvolvidas. Nos dois casos, tornar viável a vida na cidade exigirá um cuidadoso trabalho com as condições para as pessoas caminharem, pedalarem e utilizarem o espaço público urbano.

basicamente, tudo se resume ao respeito pelas pessoas

Os pontos centrais são respeito pelas pessoas, dignidade, entusiasmo pela vida e pela cidade como lugar de encontro. Nesses quesitos, não existem grandes diferenças entre os sonhos e desejos das pessoas nas várias partes do mundo. Os métodos para tratar essas questões também são surpreendentemente similares, porque tudo se resume às pessoas, que têm os mesmos pontos básicos de partida. Todas as pessoas têm em comum os aparelhos locomotor e sensorial, opções de movimento e padrões básicos de comportamento. Em mais larga medida do que conhecemos hoje, no futuro o planejamento urbano deve começar com as pessoas. É barato, simples, saudável e sustentável construir cidades para as pessoas – bem como é uma política óbvia para atender aos desafios do século XXI. Já está mais do que na hora de redescobrirmos a dimensão humana no planejamento urbano – no mundo todo.

"para ser um bom arquiteto é preciso amar as pessoas"

Em uma entrevista em 2000, perguntaram ao arquiteto Ralph Erskine o que era preciso para ser um bom arquiteto. Ele respondeu: "Para ser um bom arquiteto você tem que ter amor pelas pessoas, porque a arquitetura é uma arte aplicada e lida com a moldura da vida das pessoas"[8]. Simples assim.

7

Caixa de Ferramentas

O empenho para reunir pessoas e eventos é também um importante pré-requisito para desenvolver vida na cidade nas novas áreas urbanas (Bo 01 [2001], Malmø, Suécia).

Princípios de Planejamento: reunir ou dispersar

Vários princípios gerais de urbanismo constituem um pré-requisito crucial para o trabalho com a dimensão humana. Cinco desses princípios são ilustrados aqui. Os primeiros quatro envolvem, sobretudo, a quantidade e a forma de garantir que pessoas e acontecimentos se reúnam nas áreas construídas; o quinto princípio baseia-se na melhoria da qualidade do espaço urbano, a fim de convidar as pessoas para passar mais tempo na cidade.

1. Distribuir, cuidadosamente, as funções da cidade para garantir menores distâncias entre elas, além de uma massa crítica de pessoas e eventos.

2. Integrar várias funções nas cidades para garantir versatilidade, riqueza de experiências, sustentabilidade social e uma sensação de segurança nos diversos bairros.

3. Projetar o espaço urbano de forma a torná-lo convidativo tanto para o pedestre quanto para o ciclista.

4. Abrir os espaços de transição entre a cidade e os edifícios, para que a vida no interior das edificações e a vida nos espaços urbanos funcionem conjuntamente.

5. Reforçar os convites para permanências mais longas no espaço público, porque algumas pessoas por muito tempo em um local proporcionam a mesma sensação de vitalidade do que muitas pessoas por pouco tempo. De todos os princípios e métodos disponíveis para reforçar a vida nas cidades, o mais simples e o mais eficaz é convidar as pessoas a passar mais tempo no espaço público.

princípios de planejamento de cidades: reunir ou dispersar

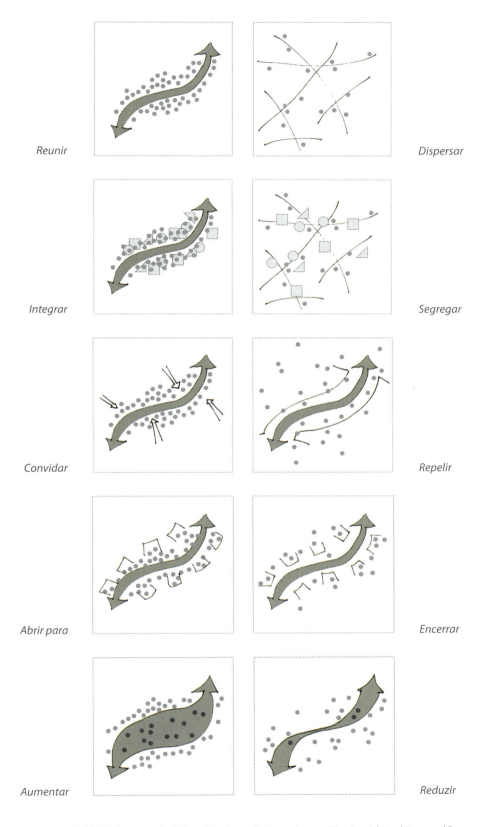

Fonte: Jan Gehl, Life Between Buildings [1971], 6. ed., Copenhague: The Danish Architectural Press, 2010. Posteriormente desenvolvido: Gehl Architects — Urban Quality Consultants, 2009.

Em 2007, uma rua de tráfego comum em Brighton, Inglaterra, a New Road foi transformada em rua com prioridade para o pedestre. Agora é utilizada para muitas e diferentes atividades e tem bem mais usuários do que antes (ver também p. 15).

Quatro princípios de planejamento de tráfego

Nas décadas de 1960 e 1970, quando a invasão dos carros ganhou velocidade, só existiam basicamente dois tipos de ruas – de tráfego de automóveis e de pedestres. No mesmo período, em muitas áreas novas implantava-se o sistema viário com a ideia de segregar os dois tipos de tráfego – automóveis e pedestres/bicicletas –, em sistemas totalmente isolados. Embora na teoria a ideia fosse ótima, na prática revelava-se quase sempre um problema porque, como regra geral, o tráfego humano escolhe rotas mais curtas. Além disso, sistemas separados de faixas, com frequência, criavam questões de proteção e segurança, a partir do final de tarde.

Nos anos seguintes, sobretudo na década de 1970, quando a primeira crise do petróleo reduziu drasticamente o crescimento do tráfego de automóveis, percebeu-se um crescente interesse no desenvolvimento de variadas soluções de tráfego. O desenvolvimento de ruas de tráfego integrado começou com as *woonerfs* na Holanda cujo conceito rapidamente se espalhou pela Europa. O tráfego mais tranquilo teve maior popularidade nessa década e ruas calmas e de lazer foram criadas. Os novos tipos de ruas reduziram a velocidade dos veículos, e elas se tornaram mais seguras e agradáveis para todos os tipos de tráfego.

Nas últimas décadas, as ideias sobre reorganização e integração de tipos de tráfego espalharam-se por todo o mundo. A última proposta em relação à categorização de vias é a rua compartilhada, que funciona incrivelmente bem, desde que interpretada como rua onde os pedestres têm absoluta prioridade.

quatro princípios de planejamento de tráfego

Los Angeles, Califórnia
Integração de tráfego com base no tráfego rápido. Um sistema de tráfego direto com baixa segurança. As ruas são virtualmente inutilizáveis para qualquer coisa, exceto o tráfego de veículos.

Radburn, Nova Jersey
Sistema de separação de tráfego, introduzido em Radburn, em 1928. Um sistema complicado e dispendioso de muitas ruas e vias paralelas e muitos túneis de pedestres, também onerosos. Os levantamentos mostram que, embora na teoria o sistema pareça melhorar a segurança no tráfego, na prática ele funciona mal, porque os pedestres procuram o trajeto mais curto em vez de procurar o mais seguro.

Delft, Holanda
Integração de tráfego com base em tráfego lento, introduzido em 1969. Um sistema simples, direto e seguro, que mantém a rua como o mais importante espaço público. Quando os carros precisam dirigir-se a um edifício, a integração do tráfego com prioridade para o pedestre é, com certeza, o melhor sistema.

Veneza, Itália
A cidade de pedestres, com a transição do tráfego rápido para o lento, que ocorre nos limites da cidade ou da área residencial. Um sistema simples e direto com um nível de segurança bem mais alto e seguro do que qualquer outro sistema de tráfego.

Fonte: Jan Gehl, Life Between Buildings [1971], 6. ed., Copenhague: The Danish Architectural Press, 2010. Posteriormente desenvolvido: Gehl Architects — Urban Quality Consultants, 2009.

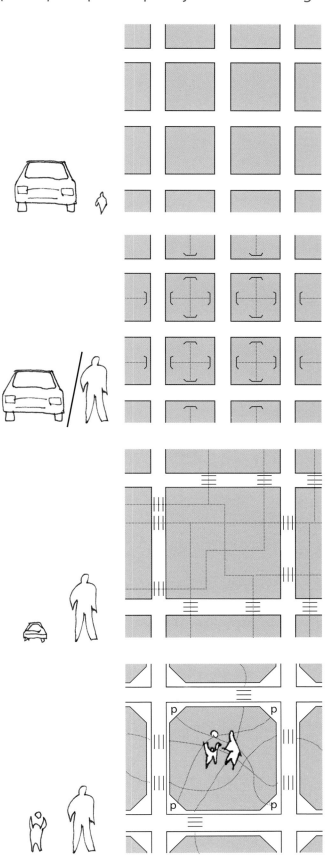

caixa de ferramentas 235

Vistas desobstruídas, distâncias curtas, lentos movimentos frente a frente – o que mais alguém poderia querer para experimentar a vida na cidade? (Cena de calçada, Karl Johan Gate, Oslo, Noruega.)

Convidar ou repelir – contatos no ver e no ouvir

O capítulo 1 destaca as simples atividades de ver e ouvir como a mais comum e importante forma de contato entre pessoas no espaço público. Em tais circunstâncias, ver e ouvir outros indivíduos proporciona uma visão geral, informações e inspiração. Também pode ser apenas o início: todos os contatos mais profundos começam com o ver e o ouvir.

O capítulo 2 descreve como, ao longo da história de seu desenvolvimento, as pessoas tornaram-se seres lineares, frontais, horizontais, movendo-se a 5 km/h. É o ponto de partida para o desenvolvimento do sistema sensorial das pessoas e para a capacidade e desenvolvimento dessas funções. Os sentidos também tiveram forte impacto na interação entre as pessoas, como é descrito nesse capítulo.

Com isso em mente, é simples descrever como o planejamento físico pode convidar ou repelir os contatos básicos de ver e ouvir.

Convidar requer vistas desobstruídas, curtas distâncias, baixa velocidade, permanência no mesmo nível e orientação em direção ao que deve ser visto e experienciado.

Examinando estes pré-requisitos mais de perto, vemos que essas mesmas estruturas físicas são encontradas nas velhas cidades de pedestres e nas ruas de pedestres cheias de vida.

Contrariamente, linhas de visão interrompidas, grandes distâncias, alta velocidade, implantação de edifícios com muitos andares e orientações contrárias à direção das pessoas impedem os contatos de ver e ouvir.

Examinando ainda mais de perto esses pré-requisitos, pode-se ver que essas mesmas estruturas são encontradas em muitas áreas novas construídas, subúrbios e áreas residenciais.

convidar — ou repelir contatos no ver e no ouvir

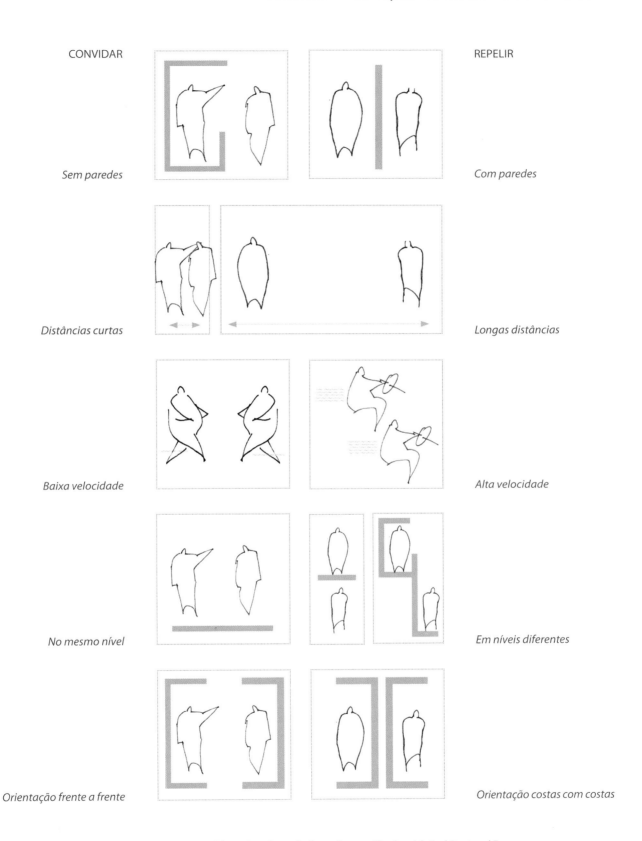

Fonte: Jan Gehl, Life Between Buildings [1971], 6. ed., Copenhague: The Danish Architectural Press, 2010

Se observarmos mais de perto um dos melhores e mais funcionais espaços urbanos do mundo, veremos que todos os critérios essenciais de qualidade foram respeitados (Piazza del Campo, Siena, Itália).

A cidade ao nível dos olhos: doze critérios de qualidade

A cidade ao nível dos olhos é o tema do capítulo 4 que traz uma visão geral sistematizada dos mais importantes critérios de qualidade.

Antes de outras considerações, é fundamental garantir uma razoável proteção contra riscos, ferimentos físicos, insegurança e influências sensoriais desagradáveis, e contra os aspectos negativos do clima, em especial. Se apenas uma dessas questões em relação à proteção não for atendida, não tem sentido observar as outras qualidades.

O próximo passo é garantir que os espaços ofereçam conforto e atraiam as pessoas para as mais importantes atividades; entenda-se, através do uso do espaço público – caminhar, permanecer, sentar, olhar, conversar, ouvir e ainda atividades de autoexpressão. Ponderações sobre a situação durante o dia e à noite, bem como ao longo das quatro estações do ano são, naturalmente, parte do trabalho com vistas a otimizar o espaço da cidade.

Festejar facilidades e confortos locais envolve, sobretudo, garantir uma boa escala humana, oportunidades para aproveitar os aspectos positivos do clima na região, bem como fornecer experiências estéticas e impressões sensoriais agradáveis. Boa arquitetura e *design* são parte do último critério. Este critério deve ser visto com um conceito guarda-chuva que inclui as outras áreas. É importante enfatizar que a arquitetura e o *design* não podem ser trabalhados isoladamente de qualquer outro critério.

É um fato interessante e instigante que os melhores e mais funcionais espaços urbanos do mundo demonstram um cuidadoso tratamento geral de todos os fatores de qualidade mencionados. Nada deve ser deixado de lado.

lista de palavras-chave: 12 critérios de qualidade com respeito à paisagem do pedestre

Proteção	**PROTEÇÃO CONTRA O TRÁFEGO E ACIDENTES – SENSAÇÃO DE SEGURANÇA**  . Proteção aos pedestres . Eliminar o medo do tráfego	**PROTEÇÃO CONTRA O CRIME E A VIOLÊNCIA – SENSAÇÃO DE SEGURANÇA**  . Ambiente público cheio de vida . Olhos da rua . Sobreposição de funções de dia e à noite . Boa iluminação	**PROTEÇÃO CONTRA EXPERIÊNCIAS SENSORIAIS DESCONFORTÁVEIS** . Vento . Chuva/ neve . Frio/ calor . Poluição . Poeira, barulho, ofuscamento
Conforto	**OPORTUNIDADES PARA CAMINHAR** . Espaço para caminhar . Ausência de obstáculos . Boas superfícies . Acessibilidade para todos . Fachadas interessantes	**OPORTUNIDADES PARA PERMANECER EM PÉ** 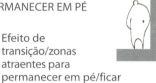 . Efeito de transição/zonas atraentes para permanecer em pé/ficar . Apoios para pessoas em pé	**OPORTUNIDADES PARA SENTAR-SE** . Zonas para sentar-se . Tirar proveito das vantagens: vista, sol, pessoas . Bons lugares para sentar-se . Bancos para descanso
	OPORTUNIDADES PARA VER . Distâncias razoáveis para observação . Linhas de visão desobstruídas . Vistas interessantes . Iluminação (quando escuro)	**OPORTUNIDADES PARA OUVIR E CONVERSAR** 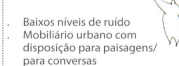 . Baixos níveis de ruído . Mobiliário urbano com disposição para paisagens/para conversas	**OPORTUNIDADES PARA BRINCAR E PRATICAR ATIVIDADE FÍSICA** . Convites para criatividade, atividade física, ginástica e jogos . Durante o dia e à noite . No verão e no inverno
Prazer	**ESCALA**  . Edifícios e espaços projetados de acordo com a escala humana	**OPORTUNIDADES DE APROVEITAR OS ASPECTOS POSITIVOS DO CLIMA** . Sol/sombra . Calor/frescor . Brisa	**EXPERIÊNCIAS SENSORIAIS POSITIVAS** . Bom projeto e detalhamento . Bons materiais . Ótimas vistas . Árvores, plantas, água

Fonte: Gehl, Gemzøe, Kirknæs, Søndergaard, "New City Life" Copenhague: The Danish Architectural Press, 2006.
Further developed: Gehl Architects — Urban Quality Consultants, 2009.

A cidade ao nível dos olhos – projetando o térreo

A informação no capítulo 3 sobre reforçar a vida na cidade ressalta a importância das áreas térreas para atração e funcionalidade das cidades. Essa é a zona de transição entre as edificações e a cidade; é aqui que a vida do interior das edificações pode se encontrar com a vida do lado de fora; é aqui que os pedestres passam bem perto e têm tempo para aproveitar as grandes e pequenas experiências, em seu caminho.

Nas últimas décadas, o projeto das áreas térreas sofreu um retrocesso em função de grandes unidades, muitas fachadas fechadas, janelas cegas e ausência de detalhes.

Esses empreendimentos roubaram muitas ruas dos pedestres casuais, retiraram vida das ruas e aumentaram a sensação de insegurança ao anoitecer.

Com base nesse conhecimento, a cidade de Estocolmo, Suécia, implantou um importante projeto de renovação urbana em 1990 e desenvolveu uma escala de cinco níveis para registrar e avaliar os pisos térreos das edificações, ao nível da rua. Tal iniciativa possibilitou uma ampla visão das áreas e ruas na cidade que precisavam de melhorias (ver p. 81). Esse tipo de levantamento pode ser utilizado para comparações entre cidades e bairros, bem como servir como ponto de partida para o estabelecimento de uma política ativa garantindo áreas térreas atrativas ao longo das ruas mais importantes da cidade (ver p. 78).

Nos últimos anos, muitas cidades utilizaram esses métodos de registro e avaliação da atratividade das áreas térreas como uma importante ferramenta em seus esforços de manter e desenvolver a qualidade do espaço urbano.

a cidade ao nível dos olhos – projetando o térreo

A – Ativo

Pequenas unidades, muitas portas
(15- 20 portas a cada 100 m)
Ampla variedade de funções
Nenhuma unidade cega e poucas unidades passivas
Muitos detalhes no relevo da fachada
Predominância de articulação vertical da fachada
Bons detalhes e materiais

B – Convidativo

Unidades relativamente pequenas (10- 14 portas a cada 100 m)
Alguma variação de funções
Poucas unidades cegas e passivas
Relevo na fachada
Muitos detalhes

C – Misto

Unidades grandes e pequenas (6- 10 portas a cada 100 m)
Modesta variação de funções
Algumas unidades passivas e cegas
Relevo modesto na fachada
Poucos detalhes

D – Monótono

Grandes unidades, poucas portas (2- 5 portas a cada 100 m)
Variação de função quase inexistente
Muitas unidades cegas ou desinteressantes
Poucos (ou nenhum) detalhes

E – Inativo

Grandes unidades, poucas (ou sem) portas (0-2 portas a cada 100 m)
Nenhuma variação visível de função
Unidades passivas ou cegas
Fachadas uniformes, nenhum detalhe, nada para se ver

Fonte: Close Encounters With Buildings, Urban Design International, n. 11, 2006. Posteriormente desenvolvido: Gehl Architects – Urban Quality Consultants, 2009

 Ruas de mão única: maior capacidade de tráfego e maior velocidade, mas um ambiente barulhento e agressivo (Nova YorK).

 ...ou ruas de mão dupla com duas faixas para os carros, faixas de bicicletas, árvores e uma faixa intermediária: uma rua mais atrativa e segura (rua redesenhada em Copenhague).

Reordenando prioridades, por favor

Ao longo dos muitos anos em que o tráfego de automóveis cresceu vertiginosamente, competentes engenheiros de tráfego do mundo todo se esforçaram em desenvolver métodos para aumentar a capacidade de tráfego das ruas. Esta página e as seguintes (3) mostram ideias que garantem espaço para maior tráfego de veículos nas ruas. O problema é que todas essas ideias, sistematicamente, pioraram as condições para as pessoas caminharem nas cidades.

Para os urbanistas incorporarem a dimensão humana, é necessário reavaliar as inúmeras ideias voltadas ao aumento da capacidade do tráfego que se infiltraram nas cidades ao longo dos anos. Para cada um desses problemas, existe uma boa solução para os pedestres, como mostram as páginas a seguir.

Já é tempo de reordenarmos nossas prioridades.

Obstáculos nas calçadas
Córdoba, Argentina

…ou uma experiência mais apropriada ao pedestre
Riga, Letônia

Calçadas estreitas
Londres, Reino Unido

…ou uma distribuição mais paritária do espaço
Copenhague, Dinamarca

Solicitando para atravessar a rua
Sydney, Austrália

…ou ser gentilmente informado
Copenhague, Dinamarca

Luz vermelha piscando sinalizando às pessoas para acelerar ao atravessar a rua
Nova York, EUA

…ou ser gentilmente informado
Copenhague, Dinamarca

caixa de ferramentas 243

Longas esperas *Tóquio, Japão*			…ou um equilíbrio entre caminhar e esperar *Copenhague, Dinamarca*
Gradis de segurança ao longo das calçadas *Londres, Reino Unido*			…ou respeito pelas linhas de desejo dos pedestres *Kensington, Londres, Reino Unido*
Passarelas *Nagoia, Japão*			…ou cruzamento direto no nível da rua *Copenhague, Dinamarca*
Passagem subterrânea para pedestres *Zurique, Suíça. Antes*			…ou cruzamento direto no nível da rua *Zurique, Suíça. Depois*
Pulando entre as ilhas de pedestres *Sydney, Austrália*			…ou cruzamentos de pedestres sem interrupções *Copenhague, Dinamarca*

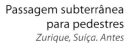

Interrupções para ruas secundárias *Londres, Reino Unido*	 	…ou calçadas e ciclofaixas em ruas secundárias *Copenhague, Dinamarca*
Calçadas interrompidas por passagens de carros e área de entrega *Londres, Reino Unido*	 	…ou calçadas contínuas, sem interrupções *Copenhague, Dinamarca*
Acessos confusos *Sydney, Austrália*	 	…ou intersecções simples *Brisbane, Austrália.*
Cruzamentos como corridas de obstáculos *Londres, Reino Unido*	 	…ou cruzamentos simples *Copenhague, Dinamarca*
Pedestres distanciados das esquinas das ruas *Bilbao, Espanha. Antes*	 	…ou respeito pelas linhas preferenciais dos pedestres *Bilbao, Espanha. Depois.*

Fonte: Gehl Architects – Urban Quality Consultants, 2009.

caixa de ferramentas

Notas

Bibliografia

Ilustrações e Fotos

Índice Remissivo

Notas

Capítulo 1

1 *The Death and Life of Great American Cities,* New York: Random House, 1961.

2 Le Corbusier, *Propos d'urbanisme,* Paris: Bouveillier et Cie, 1946. Em inglês: Le Corbusier, Clive Entwistle, *Concerning Town Planning,* New Haven: Yale University Press, 1948.

3 The City of New York and Mayor Michael R. Bloomberg, *Plan NYC. A Greener, Greater New York.*

4 New York City Department of Transportation, *World Class Streets: Remaking New York City's Public Realm.*

5 Mayor of London, Transport for London, *Central London. Congestion Charging. Impacts Monitoring: Sixth Annual Report, July 2008.*

6 City of Copenhagen, *Copenhagen City of Cyclists: Bicycle Account 2008.*

7 Ibidem, p. 8. Dentre os residentes de Copenhague, trabalhando ou estudando na cidade, a porcentagem de transporte por bicicleta é de 55%.

8 Mayor of London, Transport of London, *Central London. Congestion Charging. Impacts Monitoring: Sixth Annual Report, July 2008.*

9 City of Copenhagen, *Copenhagen City of Cyclists: Bicycle Account 2008.*

10 J. Gehl, L. Gemzoe, *Public Spaces Public Life, Copenhagen,* p. 59.

11 J. Gehl, L. Gemzoe, S. Kirknas, B. Sternhagen, *New City Life.*

12 Estudo de 1968: J. Gehl, "Mennesker til fods", *Arkitekten,* n.20, p.429-446. Estudo de 1986: K. Bergdahl, J. Gehl, A. Steensen, Byliv 1986. Bylivet i Kobenhavns indre by brugsmonstre og udviklingsmonstre 1968–1986, *Arkitekten,* edição especial, n. 12. Estudo de 1995: J. Gehl, L. Gemzoe, *Public Spaces, Public Life, Copenhagen;* J. Gehl, L. Gemzoe, S. Kirknas, B. Sternhagen, *New City Life.*

13 City of Melbourne, Gehl Architects, *Places for People.*

14 Dados não publicados da Gehl Architects.

15 City of Melbourne, Gehl Architects, *Places for People.*

16 Ibidem.

17 J. Gehl, Public Spaces for a Changing Public Life, *Topos: European Landscape Magazine,* n. 61, p. 16-22.

18 Ibidem.

19 No artigo "Life Between Buildings", em *Life Between Buildings.*

20 The City of New York and Mayor Michael R. Bloomberg, *Plan NYC: A Greener, Greater New York.*

21 Gehl Architects, dados inéditos.

22 *The Poetic Edda.*

23 J. Gehl, L. Gemzøe, *Public Spaces Public Life, Copenhagen.*

24 J. Jacobs, *The Death and Life of Great American Cities.*

25 Statistics Denmark, 2009 numbers, disponível em <statistikbanken. dk>.

Capítulo 2

1 Edward T. Hall, *The Silent Language*; idem, *The Hidden Dimension* .

2 E. T. Hall, op. cit. ; Jan Gehl, *Life Between Buildings*, p. 63-72.

3 J. Gehl, *Life Between Buildings*, p. 64- 67.

4 Ibidem.

5 Allan R. Tilley, Henry Dreyfuss Associates, *The Measure of Man and Woman: Human Factors in Design*.

6 Ibidem.

7 Ver experiências ilustradas de distâncias, p. 40.

8 J. Gehl, *Life Between Buildings*, p. 69-72.

9 E. T. Hall, *The Hidden Dimension*.

10 Ibidem.

Capítulo 3

1 Valores aproximados com base em informações de Bo Grönlund, The Royal Danish Academy of Fine Arts, Schools of Architecture, Design and Conservation, Copenhague.

2 Ver também Camilla Richter-Friis van Deurs, *uderum udeliv*; Jan Gehl, Soft Edges in Residential Streets, *Scandinavian Housing and Planning Research*, n. 3, p. 89-102.

3 J. Gehl, Mennesker til fods, *Arkitekten*, n. 20. Os números foram testados em 2008 chegando a conclusões semelhantes.

4 J. Gehl, Soft Edges in Residential Streets, *Scandinavian Housing and Planning Research*.

5 Ibidem.

6 J. Gehl, Public Spaces for a Changing Public Life, *Topos*, n. 61, p. 16-22.

7 Ibidem.

8 Miloš Bobić, *Between the Edges: Street Building Transition as Urbanity Interface*.

9 Michael Varming, *Motorveje I landskabet*.

10 J. Gehl, Close Encounters with Buildings, *Urban Design International*, n. 1, p. 29-47.

11 Ibidem.

12 J. Gehl, *Public Spaces and Public Life in Central Stockholm*.

13 J. Gehl, Close Encounters with Buildings, *Urban Design International*, n. 1.

14 Ralph Erskine em conversa com Jan Gehl.

15 J. Gehl, *The Interface Between Public and Private Territories in Residential Areas*.

16 Ibidem.

17 J. Gehl, Soft Edges in Residential Streets, *Scandinavian Housing and Planning Research*, n. 3, p. 89-102.

18 Aase Bundgaard, Jan Gehl, Erik Skoven; Blode kanter: Hvor bygning og byrum modes, *Arkitekten*, n. 21, p. 421-438.

19 Camilla van Deurs, Med udkig fra altanen: livet i boligbebyggelsernes uderum anno 2005, *Arkitekten*, n. 7. p. 73-80

20 Camilla van Deurs, op. cit.

21 Christopher Alexander, *A Pattern Language: Towns, Buildings, Constructions*, p. 600.

22 Camilla Damm van Deurs; Lars Gemzoe, Gader med og uden biler, *Byplan*, n. 2, p. 46-57.

23 J. Jacobs, *The Death and Life of Great American Cities*.

24 J. Gehl; L. Gemzoe; S. Kirknas; B. Sternhagen, *New City Life*, p. 28

25 Ibidem.

26 B. Gronlund, Sammenhange mellem arkitektur og kriminalitet, *Arkitektur der forandrer*, p. 64 79; Thorkild Aro; Gunvor Christensen, *Forebyggelse af kriminalitet i boligområder* (Horsholm: Statens Byggeforsknings Institut, 2003).

27 O. Newman, *Defensible Space: Crime Prevention Through Urban Design*.

28 P. Newman, J. Kenworthy, *Sustainability and Cities: Overcomming Automobile Dependency*.

29 P. Newman, T. Beatley, H. Boyer, *Resilient Cities: Responding to Peak Oil and Climate Change*.

Publicado originalmente em dinamarquês: J. Gehl; L. J. Kaefer; , S. Reigstad, Narkontakt med huse, *Arkitekten*, n. 9, p. 6–21.

30 City of Copenhagen, *Copenhagen City of Cyclists: Bicycle Account 2008*.

31 Ilustrações baseadas em números acumulados de 2000 a 2007. Organização Mundial da Saúde, *World Health Statistics 2009* (Paris: World Health Organization, 2009).

32 Ibidem.

33 Centers for Disease Control and Prevention, disponível em <http://www. cdc. gov/Features/ChildhoodObesity>, acessado em 21 de janeiro de 2009.

34 Organização Mundial da Saúde, *World Health Statistics 2009*.

35 C. Lee; A. Vernez Moudon, Neighbourhood Design and Physical Activity, *Building Research & Information*, London, v. 36, n. 5, p. 395- 411.

Capítulo 4

1 J. Gehl, Mennesker til fods, *Arkitekten*, n. 20, p. 429-446. Caminhar rapidamente na Strøget foi testado em 2008 com resultados semelhantes.

2 P. Bosselmann, *Representation of Places: Reality and Realism in City Design*.

3 Gehl Architects, *Towards a Fine City for People: Public Spaces and Public Life – London 2004*; New York City Department of Transportation, *World Class Streets: Remaking New York City's Public Realm*; Gehl Architects, *Public Spaces, Public Life. Sydney 2007*.

4 W. H. Whyte, disponível em <pps. org/ info/placemakingtools/placemakers/ wwhyte>, acessado em 8 de fevereiro de 2010; John J. Fruin, *Designing for Pedestrians: A Level of Service Concept*, p. 51.

5 Gehl Architects, op. cit.

6 Gehl Architects, *Public Spaces and Public Life: City of Adelaide 2002*.

7 Gehl Architects, *Public Spaces, Public Life. Sydney 2007*.

8 J. Gehl, Mennesker til fods, *Arkitekten*, n. 20, p. 429-446. Testado em 2008 com conclusões semelhantes.

9 J. Gehl, *Public Space. Public Life in Central Stockholm 1990*.

10 J. Gehl, *Stadsrum & stadsliv i Stockholms City*.

11 W. H. Whyte, *The Social Life of Small Urban Spaces*, filme produzido pela The Municipal Art Society (New York, 1990).

12 J. Gehl, Soft Edges in Residential Streets, *Scandinavian Housing and Planning Research*, n. 3, p. 89- 102; J. Gehl, *Stadsrum & Stadsliv i Stockholms City* (Estocolmo: Stockholms Fastighetskontor. Stockholms Stadsbyggnadskontor, 1991). J. Gehl, Close Encounters with Buildings, *Urban Design International*, n. 1, p. 29–47; C. van Deurs, Med udkig fra altanen: livet i oligbebyggelsernes uderum anno 2005, *Arkitekten*, n. 7. p. 73- 80.

13 Dados da Filadélfia: não publicados, Gehl Arhcitects. Dados de Perth: *Gehl Architects, Perth 2009, Public Spaces & Public Life*, p. 47. Dados de Estocolmo: não publicados, Gehl Architects. Dados de Copenhague: J. Gehl, L. Gemzøe, S. Kirknæs, B. Sternhagen, *New City Life*, p. 41. Dados de Melbourne, 1993, 2004: City of Melbourne, Gehl Architects, *Places for People: Melbourne 2004*, p. 32. 2009 números provenientes de Parks and Urban Design, City of Melbourne.

14 J. Gehl, L. Gemzøe, S. Kirknæs, B. Sternhagen, op. cit. City of Melbourne, Gehl Architects, op. cit.

15 J. A. Salvato, N. L. Nemerow, F. J. Agardy (eds.), *Environmental Engineering*.

16 J. Gehl et al., Studier i Burano, *Arkitekten*, n. 18.

17 Gehl Architects (London 2004): Gehl Architects (Sydney 2007) New York City Department of Transportation (2008).

18 C. Sitte, *The Art of Building Cities*. Originalmente publicado em alemão: Camillo Sitte, *Der Städtebau: künstlerischen Grundsätzen*.

19 P. Bosselmann et al., *Sun, Wind, and Comfort: A Study of Open Spaces and Sidewalks in Four Downtown Areas*, p. 19 – 23

20 I. Skjervold Rosenfeld, Klima og boligområder, *Landskap*, v. 57, n. 2, p. 28-31.

21 P. Bosselmann, *The Coldest Winter I Ever Spent: The Fight for Sunlight in San Francisco* documentário produzido por Peter Bosselmann, em 1997.

22 A respeito do caso de São Francisco, consultar: P. Bosselmann et al., *Sun, Wind, and Comfort: A Study of Open Spaces and Sidewalks in Four Downtown Areas*. P. Bosselmann, *Urban Transformation*.

23 W. H. Whyte, *City: Rediscovering the Center* (New York: Doubleday, 1988).

24 The City of New York and Mayor Michael R. Bloomberg, *Plan NYC: A Greener, Greater New York*.

25 Dados fornecidos pela Prefeitura de Copenhague.

26 City of Copenhagen, *Copenhagen City of Cyclists: Bicycle Account 2006*.

27 Eric Britton and Associates, *Vélib. City Bike Strategies: A New Mobility Advisory Brief*.

Capítulo 5

1 *Public Space, Public Life*, estudos, Copenhague: 1968: J. Gehl, Mennesker til fods, *Arkitekten*, n. 20, p. 429-446; 1986: K. Bergdahl, J. Gehl, Aase Steensen, Byliv 1986:. Bylivet i Københavns indre by brugsmønstre og udviklingsmønstre, 1968–1986", *Arkitekten*, special edition; 1995: J. Gehl, L. Gemzøe, *Public Spaces – Public Life*; 2005:: J. Gehl, L. Gemzøe, S. Kirknæs, B. Sternhagen, *New City Life*.

2 Dados nas ilustrações extraídos de: Gehl Architects, *City to waterfront : Wellington October 2004. Public Spaces and Public Life Study*. Gehl Architects, *Downtown Seattle Public Space & Public Life*; Gehl Architects, *Public Spaces, Public Life. Sydney 2007*; idem, Stockholmsförsöket och stadslivet I Stockholms innerstad; idem, *Public Spaces, Public Life. Perth 2009*. New York City, Department of Transportation (DoT), *World Class Streets*; Gehl Architects, *Towards a Fine City for People. Public Spaces and Public Life — London 2004*; City of Melbourne and Gehl Architects, *Places for People. Melbourne 2004*; J. Gehl, L. Gemzøe, S. Kirknæs, B. Sternhagen, *New City Life City*.

3 Vários desses projetos podem estão disponíveis em <www. gehlarchitects. dk>.

4 J. Gehl, L. Gemzøe, *Public Spaces Public Life, Copenhage*, p. 62.

Capítulo 6

1 R. Burdett, D. Sudjic, *The Endless City: The Urban Age Project by the London School of Economics and Deutsche Bank's Alfred Herrhausen Society*, p. 9.

2 Population Division of Economic and Social Affairs, United Nations Secretariat, The World of Six Billion, p. 8. Disponível em <www. un. org/esa/population/publications/sixbillion/sixbilpart1. pdf .>.

3 Ibidem.

4 R. Burdett, D. Sudjic (eds,), op. cit., p. 9.

5 M. Bari, D. Efroymson, *Dhaka Urban Transport Project's After Project Report: A Critical Review*; idem, *Improving Dhaka's Traffic Situation: Lessons from Mirpur Road*.

6 E. Peñalosa, *A Dramatic Change Towards a People City: The Bogota Story*, notas apresentadas na conferência *Walk 21 — V Cities For People*, 9 a 11 de jun. 2004, Copenhague, Dinamarca.

7 B. Sourthworth, Urban Design in Action: The City of Cape Town's Dignified Places Program — Implementation of New Public Spaces Towards Integration and Urban Regeneration in South Africa, *Urban Design International*, n. 8, p. 119-133.

8 Entrevista inédita com Ralph Erskine como parte do documentário: Lars Oxfeldt Mortensen, *Cities for People, a nordic coproduction* DR, SR, NRK, RUV, YLE 2000.

Bibliografia

ALEXANDER, Christopher. *A Pattern Language: Towns, Buildings, Constructions*. New York: Oxford University Press, 1977.

BARI, Mahabubul; EFROYMSON, Debra. *Dhaka Urban Transport Projects. After Project Report: A Critical Review*. Dhaka: Roads for People / WBB Trust, 2006.

BARI, Mahabubul; EFROYMSON, Debra. *Improving Dhaka's Traffic Situation: Lessons from Mirpur Road*. Dhaka: Roads for People, 2005.

BOBIĆ, Miloš. *Between the Edges: Street Building Transition as Urbanity Interface*. Bussum: Troth Publisher Bussum, 2004.

BOSSELMANN, Peter. *Urban Transformation*. Washington, DC: Island Press, 2008.

_____. *Representation of Places: Reality and Realism in City Design*. Berkeley: University of California Press, 1998.

BOSSELMANN, Peter et al. *Sun, Wind, and Comfort: A Study of Open Spaces and Sidewalks in Four Downtown Areas*. Berkeley: Environmental Simulation Laboratory / Institute of Urban and Regional Development / College of Environmental Design, University of California Press, 1984.

BOSSELMANN, Peter. *The Coldest Winter I Ever Spent: The Fight For Sunlight in San Francisco*, documentário, 1997.

BRITTON, Eric & Associates. *Vélib. City Bike Strategies: A New Mobility Advisory Brief*. Paris: Eric Britton and Associates, 2007.

BURDETT, Ricky; SUDJIC, Deyan (eds.). *The Endless City: The Urban Age Project by the London School of Economics and Deutsche Bank's Alfred Herrhausen Society*, London: Phaidon, 2007.

CENTERS FOR DISEASE CONTROL AND PREVENTION: www. cdc. gov/Features/ Childhood Obesity, accessed January 21, 2009.

CITY OF COPENHAGEN. *Bicycle Account 2006*. Copenhagen: City of Copenhagen, 2006.

CITY OF COPENHAGEN. *Copenhagen City of Cyclists — Bicycle Account 2008*. Copenhagen: City of Copenhagen, 2009.

CITY OF MELBOURNE; GEHL ARCHITECTS. *Places for People. Melbourne 2004*. Melbourne: City of Melbourne, 2004.

THE CITY OF NEW YORK; Mayor Michael R. Bloomberg. *Plan NYC: A Greener, Greater New York*. New York: The City of New York and Mayor Michael R. Bloomberg, 2007.

FRUIN, John J. *Designing for Pedestrians. A Level of Service Concept*. Department of Transportation, Planning and Engineering, Polytechnic Institute of Brooklyn, 1970.

GEHL Architects: www. gehlarchitects. dk .

GEHL Architects. *City to Waterfront — Wellington October 2004. Public Spaces and Public Life Study*. Wellington: City of Wellington, 2004.

GEHL Architects. *Downtown Seattle Public Space & Public Life*. Seattle: International Sustainability Institute, 2009.

GEHL Architects. *Perth 2009. Public Spaces & Public Life*. Perth: City of Perth, 2009.

GEHL Architects. *Public Spaces and Public Life. City of Adelaide 2002*. Adelaide: City of Adelaide, 2002.

GEHL Architects. *Public Spaces, Public Life. Sydney 2007*. Sydney: City of Sydney, 2007.

GEHL Architects. *Stockholmsförsöket och stadslivet i Stockholms innerstad*.
Stockholm: Stockholm Stad, 2006.

GEHL Architects. *Towards a Fine City for People. Public Spaces and Public Life — London 2004*. London: Transport for London, 2004.

GEHL, Jan. Close Encounters with Buildings. *Urban Design international*, n. 1, (2006): 29 – 47. First published in Danish: Gehl, Jan, L. J. Kaefer, S. Reigstad. "Narkontakt med huse." *Arkitekten*, no. 9, 2004.

GEHL, Jan. *Life Between Buildings*. Danish Architecture Press, 1971. Distributed by Island Press.

GEHL, Jan. Mennesker til fods. *Arkitekten*, n. 20, 1968.

GEHL, Jan. *The Interface Between Public and Private Territories in Residential Areas*. Melbourne: Department of Architecture and Building, University of Melbourne, 1977.

GEHL, Jan. *Public Spaces and Public Life in Central Stockholm*. Stockholm: City of Stockholm, 1990.

GEHL, Jan. Public Spaces for a Changing Public Life. *Topos: European Landscape Magazine*, n. 61, 2007.

GEHL, Jan. Soft Edges in Residential Streets. *Scandinavian Housing and Planning Research* 3, 1986.

GEHL, Jan; Bundgaard, Aa.; Skoven, E. Blode kanter. Hvor bygning og byrum modes. *Arkitekten*, n. 21, 1982.

GEHL, Jan et al. Studier i Burano. *Arkitekten*, special edition n. 18, 1978.

GEHL, Jan; BERGDAHL, K.; STEENSEN Aa. Byliv 1986. Bylivet i Kobenhavns indre by brugsmonstre og udviklingsmonstre 1968 – 1986. *Arkitekten*, special print, Copenhagen: 1987.

GEHL, Jan; Gemzoe, L.; KIRKNAS, S.; STERNHAGEN, B. *New City Life*. Copenhagen: Danish Architectural Press, 2006.

GEHL, Jan; GEMZOE, L. *Public Spaces Public Life Copenhagen*. 3. ed. Copenhagen: Danish Architectural Press e The Royal Danish Academy of Fine Arts School of Architecture Publishers, 2004.

GRONLUND, Bo. Sammenhange mellem arkitektur og kriminalitet. *Arkitektur der forandrer*, ed. Niels Bjorn, Copenhagen: Gads Forlag, 2008, p. 64-79.

HALL, Edward T. *The Silent Language*. New York: Anchor Books/Doubleday, 1973.

_____. *The Hidden Dimension*. Garden City, New York: Doubleday, 1990. Originalmente publicado em 1966.

JACOBS, Jane. *The Death and Life of Great American Cities*. New York: Random House, 1961.

LARRINGTON, Carolyne, trans. , *The Poetic Edda*. Oxford: Oxford University Press, 1996.

LE CORBUSIER. *Propos d'urbanisme*. Paris: Bouveillier , 1946. Em Inglês: Le Corbusier, Clive Entwistle. *Concerning Town Planning*. New Haven: Yale University Press, 1948

MAYOR OF LONDON, Transport for London. *Central London. Congestion Charging. Impacts Monitoring. Sixth Annual Report, July 2008*. London: Transport for London, 2008.

MORTENSEN, Lars O. Livet mellem husene/Life Between Buildings, Documentary, Nordic Coproduction DR, SR, NRK, RUV, YLE, 2000.

MOUDON, Anne Vernez; CHANAM, Lee. Neighbourhood Design and Physical Activity. *Building Research & Information*, n. 36. London: Routledge, 2008.

NEWMAN, Oscar. *Defensible Space: Crime Prevention Through Urban Design*. New York: Macmillan, 1972.

NEWMAN, Peter; BEATLEY, T. ; BOYER; H. *Resilient Cities: Responding to Peak Oil and Climate Change*. Washington DC: Island Press, 2009.

NEWMAn, Peter; KENWORTHY, Jeffrey. Sustainability and Cities: Overcoming Automobile Dependency. Washington: Island Press, 1999.

NEW YORK CITY Department of Transportation. *World Class Streets: Remaking New York City's Public Realm*. New York: New York City Department of Transportation, 2008.

PENALOSA, Enrique. A Dramatic Change Towards a People City — The Bogota Story. Keynote address presented at the conference *Walk 21 — V Cities for people*, 9 a 11 jun. 2004, Copenhague, Dinamarca.

POPULATION DIVISION OF ECONOMIC AND SOCIAL AFFAIRS. United Nations Secretariat: The World of Six Billion, United Nations, 1999. www. un. org/esa/population/publications/sixbillion/sixbilpart1. pdf .

ROSENFELD, Inger Skjervold. Klima og boligomrader. *Landskap*, Vol. 57, n. 2, 1976.

SALVATO, Joseph A.; NEMEROW, Nelson L.; AGARDY, Franklin J. (eds.). *Environmental Engineering*. Hoboken/New Jersey: John Wiley, 2003.

SITTE, Camillo. *The Art of Building Cities*. Westport: Hyperion, reprint 1979 of 1945 version. Ed. original em alemão: *Der Städtebau: künstlerischen Grundsätzen*. Wien: von Carl Graeser, 1889

SOURTHWORTH, Barbara. Urban Design in Action: The City of Cape Town's Dignified Places Programme — Implementation of New Public Spaces Towards Integration and Urban Regeneration in South Africa. *Urban Design International*, n. 8, 2002.

STATISTICS DENMARK, 2009 numbers, statistikbanken. dk.

TILLEY, A. R; . HENRY DREYFUSS Associates. *The Measure of Man and Woman. Human Factors in Design*. revised ed. New York: John Wiley, 2002.

VAN DEURS, Camilla Damm. Med udkig fra altanen: livet i boligbebyggelsernes uderum anno 2005. *Arkitekten*, n. 7, 2006.

VAN DEURS, Camilla Damm; GEMZOE, Lars. Gader med og uden biler. Byplan, n. 2 2005.

VAN DEURS, Camilla Richter-Friis. *uderum udeliv*. Copenhagen: The Royal Danish Academy of Fine Arts School of Architecture Publishers (2010).

VARMING, Michael. Motorveje i landskabet. Horsholm: Statens Byggeforsknings Institut, SBi, byplanlagning, 12, 1970.

WHYTE, William H. City: *Rediscovering the Center*. New York: Doubleday, 1988.

_____. The Social Life of Small Urban Spaces. Film produced by The Municipal Art Society of New York, 1990

WHYTE, William H. citado no site do Project for Public Spaces: <pps. org/info/placemakingtools/placemakers/wwhyte>. Acesso em: fevereiro, 2010).

WORLD HEALTH ORGANIZATION. *World Health Statistics 2009*. France: World Health Organization, 2009.

ÆRØ, Thorkild; CHRISTENSEN, G. *Forebyggelse af kriminalitet i boligområder*. Horsholm: Statens Byggeforsknings Institut, 2003.

Ilustrações e fotos

Ilustrações

Le Corbusier, p. 4
Artists Right Society (ARS), New York /
ADAG, Paris / FLC
Camilla Richter-Friis van Deurs
Demais ilustrações

Fotos

Tore Brantenberg, p. 64 centro, p. 131 acima
Adam Brandstrup, p. 110 centro
Byarkitektur, Århus Kommune, p. 16 acima esquerda
Birgit Cold, p. 32 centro
Malmø, p. 201 acima direita
Melbourne, p. 178 acima centro, acima direita, abaixo esquerda e direita, p. 179, abaixo esquerda.
Sydney, p. 98 acima direita.
Departmento de Transporte, Nova York, p. 11 abaixo, esquerda e direita, p. 190
Hans H. Johansen, p. 208 centro
Troels Heien, p. 10 centro
Neil Hrushowy, p. 8 centro
Brynjólfur Jónsson, p. 51 abaixo
HafenCity, capítulo 5 início.
Heather Josten, p. 208 abaixo
Peter Schulz Jørgensen, p. 28 acima esquerda
Jesper Kirknæs, p. 212 – 213.
Gösta Knudsen, p. 16 acima direita

Daniel Kukla, p. VII
Paul Moen, p. 69 abaixo direita
Kian Ang Onn, p. 54 acima direita
Naja Rosing-Asvid, p. 160 centro
Paul Patterson, p. 98 acima direita
Project for Public Spaces, p. 17 abaixo
Solvejg Reigstad, p. 154 abaixo, p. 166 abaixo
Jens Rørbech, p. 12 acima esquerda, p. 22 acima esquerda
Ole Smith, p. 100 acima esquerda
Shaw and Shaw, p. 15 abaixo esquerda e direita
Barbara Southworth, p. 225, p. 226 acima direita
Michael Varming, p. 206 acima esquerda
Bjarne Vinterberg, p. 92 acima
Jan Gehl e Gehl Architects, outras fotos

Índice remissivo

Figuras/ fotografias/ ilustrações são indicadas por um "f."

A

Abandonando as cidades, 26
Aberdeen, Escócia 141f
Adelaide, Austrália, 80f, 123. 199f, 200
Alcance de visão, 35
Alexander, Christopher, 88
Almere, Holanda, 202f
Amã, Jordânia, 48f, 98f, 119f, 214f
Amor, 229
Amsterdã, Holanda, 173, 187
Andersson, Sven-Ingvar, 51
Apoio, prazer de encontrar, 137–139
Arcos, 165
Arenas, projeto de, 35, 36f
    assentos 37–38
    preços dos ingressos, 36-37
Arhus (rio), Dinamarca, 16f
Arte na cidade
    contribuindo com a qualidade visual, 179
    em Melbourne, Austrália, 15, 178–180
Árvores, 180
Assentos, 140. Ver também mobiliário
    urbano; cafés de calçada
    arena, 35–36
    atraente, 140–141
    design, 142f
    em Aker Brygge, Oslo, 17f
    em Copenhague, 143f, 211f
    em Estocolmo, Suécia, 140, 141
    em Hafen City, Hamburgo, 143f
    em Hasselt, Bélgica, 144f
    em Sydney, Austrália, 143f
    em Veneza, Itália, 142
    localização, 142f
    móvel, 144–145, 166f
    primário, 141–143, 144
    secundário, 141–143
    tempo de espera, 141

    variação nos, 141
Atividades ao ar livre, 21f
    clima e, 21
    em Daca, Bangladesh, 216f
    em Hanói, Vietnã, 216f
    em Melbourne, Austrália, 83f
    em países emergentes, 216f, 219
    em Pequim, China, 217f
    em Zanzibar, Tanzânia, 216f
Atividades comuns planejadas, 23
Atividades de "ir e vir", 72f
Atividades de permanência, 134–137
    cafés de calçada e, 146-147
    em Brighton, Inglaterra 15f
    em Copenhague, Dinamarca, 12f
    em Melbourne, Austrália, 16
    em Nova York, 22
    em países emergentes, 135f
    em Roma, Itália, 134–135
    em São Francisco, 173
    em zonas de transição, 145
    em Yogyakarta, Indonésia, 135f
    fachadas irregulares e, 139
    pontos de apoio e, 139
    visão e, 38
    vitalidade e, 72–73
Atividades de ver, 23, 148, 236–237
Atividades em movimento, 134
Atividades necessárias, 18f, 20, 22, 134
Atividades opcionais, 18f, 20, 22, 134
Atividades sociais, 18f
    ação espontânea e, 22-23
    atividades necessárias/opcionais como
        pré-requisito para, 22
    caminhar como "fórum" para, 120
    contatos ativos e, 22–23
    diversidade nas, 22
Autoexpressão, 158–161

Automóveis, tráfego de, 3
  aumentado, 91
  competição e, 6
  convite ao, 9
  diminuição gradativa, 185
  em Amã, Jordânia, 214f
  em Copenhague, Dinamarca, 10f
  em Londres, Inglaterra, 8f, 11
  em São Francisco, Califórnia, 8f
  em Xangai, China, 8f
  níveis de ruído e, 153
  nos subúrbios, 71
  prioridade do, 4, 122f
  reorganização, 71
  velocidade, 70f, 71
  transformado em tráfego de bicicletas
    em Nova York, 190

B

Barcelona, Espanha, 35, 165
Bicicleta
  ciclorriquixás, 190, 218f
  como parte de um conceito de transporte
    integrado, 185
  estacionamento, 105, 185
  nova e mais larga, 187
  para deficientes, 187
  segurança, 90f, 185, 189
  travessias para, 188f
  triciclo, 187
Bicicletas, acidentes de
  em Copenhague, Dinamarca, 186f
  em Paris, França, 188–189
Bicicleta, andando de/pedalando, 6, 182-191
  como o estratégia para o
    desenvolvimento, 191
  como rotina diária, 114f
  conforto, 186–187
  consumo de energia de, 105
  convites para, 113, 114
  cultura, 10f, 11, 189–190
  deterioração das condições para, 91-92
  em Bogotá, Colômbia, 107
  em combinação com o transporte
    público, 109, 184f
  em Copenhague, Dinamarca, 10f, 11, 107,
    113, 182
  em Daca, Bangladesh, 190–191
  em Londres, Inglaterra, 8f
  em Lyon, França, 189f
  em Melbourne, Austrália, 113, 190
  em Nova York, 11f, 190f
  em países emergentes, 190–191, 217–218
  em São Francisco, Califórnia, 182
  espaço e, 105
  infraestrutura, 91, 182
  interrupções, 187
  massa crítica, 186
  política urbana para, 183

promovendo, 183
remoção de neve e, 187, 188f
saúde e, 7
sentidos e, 43
sustentabilidade, 105, 191
topografia e, 182
treinamento, 189
vendo detalhes e, 42f
visibilidade e, 186
tempo/clima e, 182
Bicicleta, sistema de compartilhamento
  em Amsterdã, Holanda, 187
  em Copenhage, Dinamarca, 187
  em Paris, França, 188–189
Bicicleta, tráfego de
  a partir do tráfego de automóveis em
    Nova York, 190
  desenvolvimento urbano e, 190-191
  mudanças no caráter do, 189
  perigoso, 190
  promoção do, 93
  reforçar o, 190
Bilbao, Espanha, 208f, 245f
Bo 01 (complexo), Malmø, Suécia, 57, 201, 203,
    232f
Bogotá, Colômbia, 109, 191
  calçadas em, 222f
  caminhando em, 107
  ciclovias em, 222f
  espaços de transição suave em, 86f
  melhorando a mobilidade/ condições de
    vida em, 221–222
  opções de recreação em, 223
  programa de ciclovias, 190, 223f
  sistema BRT em, 221f, 222–223
  sistema de ônibus *transMilênio*, 222–223
Bosselmann, Peter, 173–174
Brasília, Brasil, 58f, 194–197, 194f
Brighton, Inglaterra, 15f, 234f
Brisbane, Austrália, 104f, 121f, 24f
BRT. Ver Sistema de Transporte Rápido por
  Ônibus (Bus Rapid Transport)

C

Cafés de calçada, 145–147
  atividades de permanência e, 147
  atração dos, 25
  clima e, 146
  crescimento dos, 146f
  em Copenhague, Dinamarca, 146f, 175f
  em Estocolmo, Suécia, 146f
  em Estrasburgo, França, 23f
  em Filadélfia, Pensilvânia, 146f
  em Melbourne, Austrália, 146f
  em Oslo, Noruega, 174, 175f
  em Perth, Austrália, 146f
  em Reykjavik, Islândia, 147f

popularidade dos, 146
Calçadas, 104f
  capacidade, 19
  em Bogotá, Colômbia, 222f
  estreitas, 122
  interrupções, 123–124
  limites, 123
  lotadas, 122
  velocidade, 122–123
Calor solar, 169
Caminhar, 3, 6, 119–133. Ver também
  pedestres; calçadas; escadas
  aleatoriedade e, 20
  barreiras, 123–124
  clima e, 120
  com um propósito, 120
  como "fórum" para atividades sociais,
    120
  como rotina diária, 114f
  como um começo, 120
  condições, 161
  consumo de energia, 105, 127
  convites para, 15, 113, 114
  desvios, 123–124, 126f
  deterioração das condições para, 91
  distância, 67, 121, 126f, 127f, 129
  em aglomerações, 124–125
  em Amã, Jordânia, 119f
  em Bogotá, Colômbia, 107
  em Brighton, Inglaterra, 15f
  em Cartagena, Colômbia, 127f
  em combinação com o transporte público,
    109
  em Copenhague, Dinamarca, 12f, 13, 21,
    113, 120, 125, 129
  em grupos, 125
  em Londres, Inglaterra, 21
  em Lucca, Itália, 119f
  em Lyon, França, 21
  em Marraquexe, Marrocos, 119f
  em Melbourne, Austrália, 14f, 15–16, 21, 113
  em Middlesbrough, Reino Unido, 123f
  em Nova York, 21
  em São Francisco, 173
  em Sydney, Austrália, 21, 123f, 124
  em Tóquio, Japão, 21
  em Vancouver, Canadá, 27f
  em Veneza, Itália, 12–13, 115, 235
  espaço e, 105, 120, 121
  esperando para, 124–125
  histórico, 122
  iluminação e, 133
  interrupções, 123–124
  linhas retas para, 126–127
  necessidade de, 118
  o ano todo, 133
  oportunidades, 19
  oportunidades reduzidas de, 3
  perspectiva longa e cansativa e, 127f
  primeiros passos, 119
  promovendo o, 93
  psicologia do, 129
  qualidade do percurso, 106f, 121

reconhecendo boas cidades pela quantidade de pessoas que não estão a, 134–135
reforçando a vida urbana, 19
saúde e, 7, 115
segurança, 6
sentidos e, 27f, 43
sustentabilidade e, 105
transição e, 77, 79
velocidade, 120
vendo detalhes e, 42f
Campo social de visão, 34–35, 38
Cappuccino, 145, 146
Carros
  acidentes, 43, 91
  consumo de energia de, 105
  convites às pessoas vs. , 13
  escala fragmentada, 55
  escala humana e, 55, 207–209
  invasão, 5f, 25–26, 92
  medo e, 90f
  relações de escala e, 54f
Cartagena, Colômbia, 127f
Cercas, 174
Changcha, China, 76f
Chiba, Japão, 48f
Chichicastenango, Guatemala, 214f
Ciclofaixas, 91, 94f
  alargamento, 187f
  ao estilo de Copenhage, 94f, 124f, 183, 185
Ciclovias, 104f, 105, 188f
  congestionamento, 187
  em Bogotá, Colômbia, 222f
  neve e, 188f
Cidade do Cabo, África do Sul, 202f
  programa de lugares dignos, 225–227
  viagens diárias por trem em, 106f
  vilarejos (townships), 224f, 225
Cidade do México, México, 191
Cidades medievais, 9
Cingapura, 54f
City: Redescovering the Center (Whyte), 177
Clarksdale, Mississippi, 26f
Clima;. Ver também macroclima; microclima; tempo
  atividades ao ar livre e, 21
  cafés de calçada e, 146
  escala e, 174
  local, 168
  planejamento, 174
  variação no, 169f
Colunas, 165
Comunicação. Ver também tipos específicos de comunicação
  de edifícios altos, 42
  dimensões e, 50–51
  distância, 47, 101
  escadas e, 50
  indireta, 26–27
  mobiliário urbano e, 154f, 155
  níveis de ruído e, 152–155

patamares e, 50
Concentração de atividade, 65
Concertos de rock, 35
Confiança, 29
Constituição dos Estados Unidos, 29
Consumo de energia, 104f, 105, 127
Convites, 17
  às pessoas vs. carros em Copenhague, 13
  condições, 236
  contato ver/ouvir, 236–237
  escala menor e, 207
  novos padrões de uso e, 12, 16
  para caminhar, 15, 113, 114
  para o pedestre de Melbourne, 15
  para pedalar, 113, 114
  para uso do automóvel, 9
  vida urbana versátil e depende de, 21
Conversar, 148, 151
Copenhague, Dinamarca, 11–12, 12f, 13, 29, 64f, 71, 73f, 102f, 120, 125, 127f, 129, 150f, 164f, 166f, 197, 207, 243, 244, 245
  acidentes de bicicletas, 186f
  andando de bicicleta em, 10f, 11, 107, 113, 182
  atividades comerciais/culturais em, 211f
  atividades de permanência em, 12f
  atividades rotineiras em (padrões de atividade em), 85
  cafés de calçada em, 146f, 175f
  caminhando em, 12f, 13, 21, 113, 120, 125, 129
  casas geminadas, 206f
  centro da cidade, 121f
  ciclofaixas, 124f
  convidando as pessoas vs. carros em, 13
  deslocando-se para o trabalho em, 10f, 107, 182
  densidade, 69
  encolhimento do número de moradores, 27
  estudos da vida urbana, 72–73, 209–211
  identificação de problemas nos pisos térreos em, 81f
  iluminação em, 98f, 99
  monitorando a vida urbana em, 13
  níveis de ruído em, 153
  redesenhando as ruas em, 242f
  ruas com prioridade para o pedestre em, 12f, 13
  sentando-se em, 143f, 211f
  sistema de compartilhamento de bicicletas em, 187
  tráfego de automóveis em, 10f
  transporte público em, 184f
  vento em, 170f
  vizinhanças em vista aérea, 206–207
Córdoba, Argentina, 243
Córdoba, Espanha, 142
Corrida, 43, 110f, 113
Costa, Lúcio , 196
Critérios de qualidade, 238–239
Curitiba, Brasil, 220–221

D

Daca, Bangladesh, 190–191, 216f, 218f
Delft, Holanda, 235
Densidade
  compacta, 73
  Copenhague, Dinamarca, 69
  edifícios altos e, 68
  em Aker Brygge, Oslo, Noruega, 69
  nas cidades antigas, 69
  nas novas áreas urbanas, 69
  Nova York, 68
  Paris, França, 69
  Sydney, Austrália, 68
  vida nas ruas e, 83
  vitalidade e, 68–69
Desenhos em perspectiva de arquitetos, 25, 63
Desenvolvimento sensorial, 33
Diferenças de alturas, 178
Distância
  caminhada, 67, 121, 126f, 127f, 129
  comunicação, 47, 101
  emoções dominantes e, 34
  expressão facial e, 34, 37f
  gênero e, 34
  física, 127
  idade e, 34
  impressões e, 47
  linguagem corporal e, 34
  linguagem e, 48–49
  mantendo certa distância, 48f, 49–50, 155
  movimento e, 34
  ouvir, 34–35
  percepção e, 33–35, 127
  pessoal, 46f, 47
  proximidade, 46f, 47
  pública, 46f, 47–48
  sentidos, 33
  social, 46f, 47
Dublin, Irlanda, 41f

E

Edifícios altos
  comunicação de, 42
  densidade e, 68
  inserção suave, 100f
  sentidos e, 40f
  vento e, 171
Efeito nicho, 139, 140f
Efeito piano, 137–139
Elevadores, 49
Erskine, Ralph, 57, 82, 150f, 155, 200, 201, 229

258 cidades para pessoas

Escadas, 129
  angulação, 131
  como barreira física, 129–131
  como barreira psicológica, 129–131
  como esculturas, 131f
  comunicação e, 50
  evitar, 128f
  pilhas em, 128f
  psicologia, 130–131
  rampa vs. , 130f, 131
Escala, 162–167
  arquitetura e, 164
  cidade, 195, 196
  clima e, 174
  confusão em Veneza, Itália, 54f
  conhecimento tradicional sobre, 55
  coordenação, 195
  desenvolvimento, 196
  em Vancouver, 203
  estudo de implantação, 195
  Eurolille, Lille, França e, 166f
  fragmentada, 54–59, 167
  grande, 53f, 56
  lenta, 164
  menores espaços dentro dos espaços maiores, 165
  mudança em Singapura, 54f
  Ørestad, Copenhague e, 166f
  qualidade da, 163–164
  rápida, 164
  relações e carros, 54f
  sentidos e, 33–46
  St. Pölten, Áustria e, 166f
  tardia, 167
  tecnologia construtiva e, 56
  temperatura e, 52f, 53f
  transições e, 78f
  velocidade e, 44f
Escala humana, 43–44, 55, 195
  carros e, 55, 207–209
  construção, 57
  espaço ao ar livre em harmonia com a, 59f
  falta de entendimento sobre a, 58f
  respeito à, 58f
Escala menor, 207f
  contatos calorosos e, 52f, 53f
  convites e, 207
  qualidade e, 118
Espaço defensável, 102
Espaço de experiências, 32, 38
Espaços de transição, 79, 103, 137
  caminhar e, 77, 79
  como zona de experiência, 76–77
  como zona de permanência, 75–76
  como zona de troca, 75
  em áreas residenciais, 82
  em Bogotá, Colômbia, 86f
  em Cidade do Cabo, 86f
  em conjuntos habitacionais na Noruega, 85f
  em Frederiksberg, Dinamarca, 100f
  em Montreal, 86f
  em Nova Orleans, 86f
  em Sydney, Austrália, 86f
  em Tóquio, 86f
  em vários contextos culturais, 87
  escala e, 78f
  espaços urbanos sem, 137
  exemplos, 74f, 136f
  definindo o espaço, 75
  detalhes e 78f
  diversidade de funções e, 78f
  falha, 88
  normas de contato social e, 137
  reforçando a vida urbana, 88
  ritmo e, 78f
  segurança e, 99
  sentidos e, 78f, 137
  textura e, 78f
  transparência e, 78f
  vida na rua e, 82–85
  vitalidade e, 74–88
Espaço público, XI, 3, 6
  como fórum para troca de ideias/ opiniões, 28
  fortalecimento, 28
Estocolmo, Suécia, 41f, 49f, 80f, 81f, 140, 141, 146f, 150f
Estrasburgo, França, 23f
Estruturas fixas/ fugazes/ flexíveis, 160f, 161
Estudos da vida urbana,
  como ferramenta urbanística universal, 210
  em Copenhague, Dinamarca, 72–73, 209–211
  em Oslo, Noruega, 72–73
  em Perth, Austrália, 211f
  realização de, 211f
Eurolille, Lille, França, 58f, 166f
Eventos com espectadores, 35, 36f
Exercício físico, 112–114, 158–161

Ficar parado em pé, 135, 137
Filadélfia, Pensilvânia, 146f, 199
Frades, 139, 165
Frederiksberg, Dinamarca, 85f, 100f
Freemantle, Austrália, 59f

Gatos, aprendendo com os, 167
Gasolina, uso da, 104f
Ginzan Onsen, Yamagata, Japão, 163f
Guarda-chuva, 173
Gudhjem, Dinamarca, 172f

Habitação multifamiliar vertical, 129–130
Hafen City, Hamburgo, Alemanha, 143f
Hall, Edward T. , 33, 47
Hanói, Vietnã, 76f, 216f
Hasselt, Bélgica, 144f
Hávamál, 23–24
Hidden Dimension, The (Hall), 33, 47
Hidra, Grécia, 162–163, 167f
Hobart, Austrália, 205

Ideais arquitetônicos 56
Iluminação
  abandono da rua, 180
  caminhar e, 133
  em Copenhague, Dinamarca, 98f, 99
  em Lyon, França, 180f
  em Melbourne, Austrália, 178f, 180
  em Sydney, Austrália, 99
  mudando de ideia sobre, 180
  segurança e, 97
  tratamento ativo da, 178f
Império Romano, 9
Ir e voltar do trabalho, 10f, 106f, 107, 182

Jacobs, Jane, 3, 25–26, 97
Jacarta, Indonésia, 86f

Landskrona, Suécia, 172f, 200
Lerner, Jaime, 220
Light, William, 200
Lima, Peru, 96f
Linguagem, XI, 34, 48–49
Londres, Inglaterra, 88f, 243, 244, 245
  caminhando em, 21
  interrupções nas calçadas em, 123
  níveis de ruído e, 155

índice remissivo   259

ônibus, 8f
pedágio da área central, 8f, 11
pedalando, 8f
tráfego de automóveis, 8f, 11
transporte público, 11
Los Angeles, Califórnia, 235
Lucca, Itália, 119f
Lugares 100%, 177
Lyon, França, 21, 180f, 189f

M

macroclima, 168
Malmø, Suécia, 57, 201, 203, 232f
Mar Morto, 59f
Marraquexe, Marrocos, 119f
Medo, 28, 90f, 96
Melbourne, Austrália, 13, 14f, 29, 145f, 208f
árvores em, 179f, 180
atividades ao ar livre em, 83f
atividades de permanência, 15
cafés de calçada em, 146f
caminhadas em, 14f, 15–16, 21, 113
convidando os pedestres, 15
estudantes, 15
habitantes, 15
iluminação em, 178f, 180
pedalando em, 113, 190
pisos térreos em, 80f, 81–82, 151f
programa de arte na cidade, 15, 178–180
renovação urbana, 15
unidades habitacionais, 15
Microclima, 168, 174
Middlesbrough, Reino Unido, 76f, 123f
Milwaukee, Wisconsin, 9
Mobiliário urbano, 143, 144f
comunicação e, 154f, 155
Modernismo, XIV, 3, 25–26, 56, 198, 205
como ponto de partida para novas áreas urbanas, 5
playgrounds e, 158
reduzindo a vida entre as construções, 4f
separando usos da cidade, 3, 4
Monpazier, France, 199f
Montreal, Canadá, 48f, 86f
Morte e Vida das Grandes Cidades, A (Jacobs), 3, 97
Movimento
distância e, 34
espaço, 32, 38
linguagem e, 48–49
Música, 155

N

Nagoya, Japão, 244
Newcastle, Inglaterra, 57, 200
Newman, Oscar, 102
Níveis de ruído, 7
tráfego de automóveis e, 153
comunicação e, 152–155
em Copenhague, Dinamarca, 153
em Londres, Inglaterra, 155
em Veneza, Itália, 152–153
Nível térreo, projeto do, 41f, 240–241
convidativo, 241
ativo, 77, 81, 99, 241
em Adelaide, Austrália, 80f
em Dublin, Irlanda, 41f
em Estocolmo, Suécia, 80f, 81
em Melbourne, Austrália, 80f, 81–82, 151f
fechado, 81, 149, 151f
inativo, 241
mapeamento, 81, 209
monótono, 241
política de, 151
qualidade, 81
registro, 81f, 240
segurança, 99
uso misto, 241
vertical, 77, 78f, 129
Noite, 180
Nova Orleans, Louisiana, 86f
Nova York, 22, 22f, 29, 49f, 76f, 88f, 145f, 243
árvores em, 180
atividades de permanência, 22
caminhando em, 21
condições para pedalar em, 190
densidade, 68
do tráfego de automóveis para o tráfego de bicicletas em, 190
pedalando em, 11f, 190f
Plano para Nova York, 7f
qualidade do espaço urbano em, inter-relação entre vida urbana e, 21–22
ruas de mão única, 242f
ruas de verão, 190f, 224
Novo Urbanismo, 200
Novos padrões de uso, 9, 12, 16–17
Nuuk, Groenlândia, 160

O

Obesidade, 110f, 111
Oficinas comunitárias, 50
Ônibus. Ver também Sistema de Transporte Rápido por Ônibus;
Oslo, Noruega, 208f, 236f

Aker Brygge em, 17f, 57, 66, 73f
cafés de calçada em, 174, 175f
estudos da vida urbana, 72–73
Ouvir
atividades de, 23, 148, 151
convidar, 236–237
distância, 34–35
repelir, 236–237

P

Paisagens para conversas, 154–155
Paisagismo, 174, 179–181
Países emergentes
atividades ao ar livre nos, 216f, 219
atividades de permanência nos, 135f
características comuns dos, 219
pedalando nos, 190–191, 217–218
problemas habitacionais, 217
superpopulação, 217
Paris, França, 17f, 47f, 58f, 207f, 208f
acidentes de bicicleta em, 188–189
cultura de bulevar, 9
densidade, 69
renovação urbana estratégica de, 9
sistema de compartilhamento de bicicletas em, 188–189
Pattern Language, A (Alexander), 88
Pedestres
passagens subterrâneas de, 131–132
passarelas de, 131–132, 132f
ruas com prioridade ao, 12f, 13, 234f
Pedras e seixos, 132f, 133
Penalosa, Enrique, 221
Pequim, China, 35, 70f, 96f, 130f, 160f, 169f, 215f, 217f
Percepção, 33–35, 43, 127
Perth, Austrália, 52f, 146f, 211f
Piazza del Campo, Siena, Itália, 38, 139, 160f, 163, 167, 177, 238f
Pittsburg, Pensilvânia, 121f
Planejamento de eventos, 65
Planos de desenvolvimento orientados pelo transporte (TOD), 107
Playground
modernismo e, 158
Veneza, Itália, como, 158
Pobreza, 215
Pontes
Ponto de encontro, 3, 19–29, 148–157
conceitos-chave, 29
opções eletrônicas e, 26–27
perspectiva histórica, 25
sustentabilidade e, 28
Pontos de ônibus, 48f, 106f
População
histórico, 66

mundial, 214f, 215
nos países emergentes, 215, 217
Portland, Oregon, 9, 176f
Portofino, Itália, 32, 163
Praças urbanas
    campo de visão social e dimensões das, 38
    passagem, 73
    sinalização de permanência, 38
princípios de planejamento de dispersão, 232–233
Proporções, 162–167

Qualidade do piso, 132–133
Qualidade espacial, 162–167
Qualidade visual, 176, 179

R

Radburn, Nova Jersey, 235
Rampas, 130f, 131
Registro da vitalidade, 209
Respeito, 58f, 229
Reunião
    direito de, 29
    princípios de planejamento, 232–233
Reykjavik, Islândia, 51f, 147f, 168f
Riga, Letônia, 243
Roma, Itália, 42f, 131, 131f, 134–135, 163
Roterdã, Holanda, 173
Ruas
    abandonando a iluminação das, 180
    compartilhadas, 92f, 234
    completas, 92f
    cruzamentos, 19, 124
    de verão, 190f, 224
    engenharia, 131
    malha viária em Veneza, Itália, 67f
    na cidade de Nova York, 242f
    pedágios, 8f, 11
    prioridade ao pedestre, 12f, 13, 234f
    redesenho em Copenhague, Dinamarca, 242f
    segurança, 19
    tipos, 93, 234
    tráfego integrado, 234

S

Sacadas, 150f
Sandviken, Suécia, 200
Santiago Atitlán, Guatemala, 56f
São Francisco, Califórnia, 8f, 9, 173–174, 178, 182
San José, Costa Rica, 106f
Saúde, 6, 7, 110–115
    andar de bicicleta e, 7
    caminhar e, 7, 114-115
    conselho, 114-115
    corrida, 110f
    crianças e, 111
    problemas, 7
    vida sedentária e, 111
Savana, Geórgia, 200
Segurança, 6, 91–103
    bicicleta e, 90f, 185, 189
    boas estruturas e, 101
    caminhada e, 6
    espaço público para, reforço, 28
    espaços de transição suave e, 99
    habitação e, 99
    iluminação e, 98f
    preocupações cotidianas e, 101
    presença de outros e, 98–99
    projeto dos pisos térreos e, 99
    proteção e, 97–103
    rua e, 19
    sociedade e, 97
    territórios e, 101–103
    tráfego e, 91–95
Sendai, Japão, 132f
Sentidos. Ver também sentidos específicos
    caminhando e, 27f, 43
    corrida e, 43
    distância, 33
    escala e, 33–46
    limites e, 78f, 137
    pedalando e, 43
    perto, 33
    prédios altos e, 40f
Seul, Coreia do Sul, 9
Shopping centers, 26
Silent Language, The (Hall), 33
Sitte, Camilo, 163
Sistema de Transporte Rápido por Ônibus (BRT), 220–224
Skarpnäck, Suécia, 200f, 201
Southworth, Barbara, 225
St. Pölten, Áustria, 166f, 180
Sustentabilidade, XI, 6, 7, 104–109
    andar de bicicleta e, 105, 191
    caminhar e, 105
    espaço urbano e social, 109
    necessidades básicas e sustentabilidade social, 109
    ponto de encontro e, 28
    transporte e, 7
    vitalidade e, social, 109
Sydney, Austrália, 98f, 143f, 243, 244, 245
    assentos em, 143f
    caminhar em, 21, 123f, 124
    densidade, 68
    espaços de transição suave em, 86f
    iluminação em, 99

Tamanho de mesa, 50f
Tham, Klas, 200f, 201
Teatro, 36
Temperatura
    ar, 169
    escala e, 52f, 53f
    linguagem e, 48–49
Tempo. Ver também clima
    ao nível dos olhos, 168–175
    atividades opcionais e, 20
    caminhar e, 120
    confortável, 169–171
    construir apesar do, 172–173
    construir com, 171–172
    em Reykjavik, Islândia, 168f
    Escandinávia, 169–172
    pedalar e, 182
    preocupação com, 168
    São Francisco e, 173–174
    vitalidade e, 71
Territórios, 101–103
Tibro, Suécia, 200
TOD. Ver Planos de desenvolvimento orientados pelo transporte
Tóquio, Japão, 21, 86f, 244
Topografia, 176-177, 182
Trabalho sedentário, 111
Tráfego. Ver também bicicleta, tráfego de; automóveis, tráfego de;
    integração, 234
    misto, 93–94
    planejamento, 19, 234–235
    princípios de moderação, 5
    reorganização, 234
    segurança, 91–95
    separação, 235
    Veneza, Itália, 70f, 71, 95
    vitalidade e tráfego lento, 70f, 71
Transporte público, 7
    bicicletas em combinação com, 109, 184f
    caminhada em combinação com, 109
    em Bogotá, Colômbia, 222–223
    em Copenhague, Dinamarca, 184f
    em Londres, Inglaterra, 8f, 11
    em Veneza, Itália, 107
    pré-requisito crucial para um bom, 107

índice remissivo   261

Unidades estreitas, 76, 77, 129
Urbanização, 214f

Vancouver, Canadá, 27f, 203, 203f, 204f
Vauban, Freiburg, Alemanha, 57, 202f
Vélib, Programa, 188–189
Velocidade
    arquitetura e, 44f
    calçadas e, 122–123
    caminhar e, 120
    em Veneza, Itália, 45f
    escala e, 44f
    percepção e, 43
    tráfego de automóveis e, 70f, 71
    vento, 171
Veneza, Itália, 12–13
    assentos em, 143
    como *playground*, 158
    confusão nas escalas em, 54f
    estrutura básica, 65, 66
    guarda-chuvas em, 173
    nível de ruído em, 152–153
    rampa *vs.* escadas em, 130f
    rede das principais vias em, 67f
    velocidade e, 45f
    tráfego, 70f, 71, 95
    transporte público em, 107
Vento, 169–173, 170f
"Vida entre os edifícios", 4f, 19, 25
Vitalidade, 6
    atividades de permanência e, 72–73
    clima e, 71
    como autorreforço, 64f, 65, 80-81
    como conceito relativo, 63
    como produto de planejamento
        cuidadoso, 89
    densidade e, 68–69
    espaços de transição suave e, 74–88
    portas e, 77
    palavras-chave para estimular, 67
    qualidade, quantidade e, 65
    sem vida *vs.*, 63
    sustentabilidade social e, 109
    unidades estreitas e, 77
    tráfego lento e, 70f, 71
    tranquilidade e, 89
Vitrines de lojas fechadas, 151f
Visão, 33–34. Ver também atividades de ver;
    campo social de visão; vistas
    ao pedalar; 42f
    atividades de permanência, 38
    caminhadas e, 42f
    linhas de, 150f
    para baixo, 39–41
    para cima, 39–41
    para e dos edifícios, 149, 150f
    plano horizontal de, 37f, 39f, 41f
Vistas, 140–141, 148–149

Washington D. C. , 170f
Whyte, William H., 123, 142, 177

Xangai, China, 8f

Yogyakarta, Indonésia, 135f

Zanzibar, Tanzânia, 32, 216f
Zonas de transição, 103, 145
Zurique, Suíça, 121f, 133f, 244

Este livro foi impresso na cidade de Guarulhos,
nas oficinas da EGB, em novembro de 2019,
para a Editora Perspectiva.